공생의 기술

* 이 책은 친환경 재생지로 제작하였습니다.

공생의 기술

당신과 내가
세 상 을
살 리 는 길

일지 이승헌 · 스티브 김 지음

한문화

파월 레이크

우리는 지금 아주 특별한 시간을 살고 있다

뉴질랜드, 한국, 일본에서의 일정을 마친 나는 2022년 여름, 오랜만에 미국을 찾았다. 미국에 머물 때면 여름마다 자주 가는 곳이 북애리조나에 위치한 파월 레이크이다. 내게는 아주 특별한 장소로, 그곳에 갈 때마다 시간을 거슬러 생명의 근원과 연결되고 새로운 에너지와 영감을 받는다.

1998년 처음 그곳을 방문했을 때의 감동을 잊을 수 없다. 사막을 가로지르는 옥빛 물결과 호수 주위를 둘러싼 형형색색의 기암들은 마치 거대한 고대도시의 모습 같았다. 두어 시간 배를 타고 들어가면 호수 끝자락에서 강을 가로질러 반원 모양으로 우뚝 서 있는 커다란 돌다리, 레인보우 브리지를 만나게 된다. 세상에서 두 번째로 큰 자연 다리이자 나바호 인디언들의 성지이기도 하다. 그들은 이곳에 와서 대자연에 지혜와 보호를 구하고 가뭄이 든 해에는 기우제를 지냈다고 한다.

파월 레이크와 레인보우 브리지는 우리가 일상적으로 접하는 자연과는 다른 지구의 모습을 보여준다. 그곳에 갈 때면 두 가지의 상반된 느낌을 받는다. 하나는 마치 지구 어머니의 몸속에 들어와 있는 듯한 신비함과 경외감, 다른 하나는 인간에 의해 파괴되는 생명에 가슴 아파하고 인간을 걱정하는 지구의 마음이다. 파월 레이크와 레인보우 브리지를 보며 내 마음에 깊이 새긴 지구에 대한 감사함과 미안함은 내가 지구시민운동을 시작하게 된 중요한 계기 중 하나이다.

11년 만에 찾은 파월 레이크는 완전히 달라져 있었다. 예전에도 가뭄으로 호수의 수위가 계속 낮아지고 있었지만 이번에 본 모습은 몹시 충격적이었다. 수위가 역대 최하인 24%로 떨어졌다. 몇 년 전만해도 레인보우 브리지에서 멀지 않은 곳까지 배를 타고 갈 수 있었다. 지금은 배를 댈 수 있는 곳에서 내리면 5킬로 정도를 걸어서 들어가야 한다. 호수는 말 그대로 말라 죽어가고 있었다. 전문가들은 지금처럼 가뭄이 계속된다면 수십 년 안에 호수가 완전히 사라질지도 모른다고 말한다.

기후변화로 세계 곳곳에서 극단적인 가뭄과 홍수가 계속된 결과, 담수원이 급격하게 줄어들고 있다는 것은 이미 알고 있던 터이다. 그런데 막상 내가 마음에 깊이 담아둔 지구의 한 장소가 본래의 신비와 아름다움을 잃어버리고 급격히 파괴되어가는 모습을 보니 그 안타까움을 말로 표현할 수가 없다.

우리 모두가 그 어느 때보다 깊이 체감하고 있는 기후변화와 환경 파괴는 분명 현재 우리가 직면한 가장 큰 지구적 위기이다. 하지만 어떤 의미에서는 가장 근원적인 문제는 아니다. 현재의 위기 상황을 가져온 더 근본적인 문제가 있기 때문이다. 2019년 말부터 2년 반 동안 세상을 뒤흔들고 우리에게 완전히 새로운 삶의 방식을 받아들이게 한 팬데믹, 미국과 중국 사이의 패권 경쟁, 지금도 무고한 생명을 수없이 희생시키고 있는 러시아 – 우크라이나 전쟁, 종교나 이념의 이름으로 가해지는 박해와 그에 대한 저항들. 겉보기에는 전혀 다른 곳, 다른 집단들 사이에서 다른 이유로 일어나는 듯한 이런 상황들 또한 마찬가지이다. 이 모든 도전 속에서 우리 삶과 지구를 파국으로 내모는 문제들의 뿌리를 본다.

근원적인 문제는 사회제도나 환경에 있는 것이 아니다. 어떤 초자연적인 존재에 있는 것도 아니다. 그것은 바로 우리들 자신 속에 있다. 문제는 우리가 진정으로 누구이며 무엇을 가장 중요하게 여기는지, 우리가 개인적·사회적·자연적 환경과 어떤 관계를 맺으며 살아가는지에 있다. 그렇기에 문제를 해결하는 출발점 또한 우리에게 있다.

나는 우리가 맞닥뜨린 지구적 문제들을 푸는 열쇠가 '공생共生'에 있다고 생각한다. 공생은 '모든 생명은 서로 연결되어 있어서 서로를 보살피지 않으면 자신도 결국 생존할 수 없다'는 이해에서 출발한다. 공생이 우리에게 새로운 개념은 아니지만 그 범위는 확장될 필요가 있다.

우리는 지금까지 공생의 범위를 내 가족, 내 직장, 내 나라, 내가 속한 공동체에 한정하여 살아왔다. 그런데 현재 지구의 상황은 그 범위를 모든 사람, 모든 생명, 지구 전체로 확장해야 한다고 소리치고 있다. 다행히 공생은 어렵게 배워야 하는 것이 아닌 우리 모두에게 내재한 감각이고 능력이다. 그러니 공생을 선택하고, 공생의 감각을 깨워 사용함으로써 당신과 나 같은 평범한 사람이 세상을 살릴 수 있다고 나는 믿는다.

공생은 더 이상 우리가 선택할 수 있는 수많은 삶의 방식 중 하나가 아니다. 우리가 지구에서의 삶을 지속할 수 있는 유일한 길이다.

*

지금으로부터 20여 년 전에 나는 지구시민운동을 시작했다. 우리가 한국인이나 미국인이나 인도인이기 이전에, 기독교인이나 불교도이거나 이슬람교도이기 이전에 '지구시민'임을 깨달음으로써 더 나은 세상을 만들 수 있다고 믿었기 때문이다. 그동안 전 세계에서 서로 다른 배경과 문화를 가진 수많은 이들이 이 운동에 동참했다.《공생의 기술》은 스티브와 함께 썼지만, 어떤 의미에서는 그동안 지구시민운동에 함께해온 많은 이들의 경험과 배움의 반영이기도 하다.

이 책은 지구와 인류의 미래를 진심으로 염려하는 지구시민들에게 보내는 호소이자 초대이다. 지금 우리가 모두 느끼고 있는 지구적 위기의 뿌리가 무엇인지, 연결된 하나의 세계에서 어떻게 하면 우리가 서로에게, 지구에 위협이 아닌 힘이 될 수 있는지에 관한 대화이다.

이 책은 3부로 이루어져 있다.

1부의 주제어는 '공생 감각'이다. 우리는 모두 생명의 큰 순환 속에서 서로 의지하며 살고 있다. 공생은 생명이 존재하는 모든 곳에서 발견되는 가장 보편적인 존재 방식이다. 그런데 왜 우리는 자연이 모든 생명에게 전해준 조화와 균형의 감각으로부터 멀어져 파괴를 멈추지 않고 있을까? 잃어버린 공생 감각을 회복하기 위해 무엇에 의지하고 어디로 눈을 돌려야 할까? 외부의 무엇이 아닌 우리의 마음에서 답을 찾아야 한다는 것이 1부의 핵심이다.

2부에서는 '지구와의 공생'을 다룬다. 현재 지구가 안고 있는 문제들을 머리로 이해하는 차원을 넘어 지성이 구체적인 삶의 변화로 이어지려면 무엇이 필요할까? 서로 다른 관심과 목표와 이해관계를 가진 개인과 집단들이 어떻게 조화를 이루며 협력할 수 있을까? 나와 지구가 생명으로 연결되어 있음을 느끼는 지구 감수성, 선택과 가치 판단의 중심을 '나'에서 '지구'로 바꾸고 모두가 함께 지구를 보살피는 지구경영에 관한 생각을 2부에 담았다.

3부는 '공생 사회를 위한 제안'이다. 경쟁에서 이기기 위해서가 아니라 모두가 함께 잘 살기 위해 필요한 교육과 기술, 생애 계획, 복지에 관한 생각을 담았다. 공생과 지구를 최우선 가치로 삼고 이를 사회에 적용했을 때 어떤 변화를 만들어낼 수 있을까? 그런 변화를 위해 당신과 내가 구체적으로 무엇을 할 수 있을까? 3부는 이런 질문에 기대와 희망으로 새로운 가능성과 대안을 제시한다.

*

우리는 지금 아주 특별한 시간을 살아가고 있다. 한 가지만으로도 인류를 파국으로 내몰 수 있는 문제가 우리를 겹겹이 둘러싸고 있다. 팬데믹, 기후변화, 전쟁, 인공지능의 진화 등 그 하나하나가 인류가 지금껏 경험한 그 어떤 도전들보다 크다. 이러한 문제들은 특정 개인이나 집단이 해결할 수 없고, 인류 전체가 마음을 합치고 힘을 모아야 해결할 수 있다는 공통점이 있다.

새로운 기술이나 더 많은 자원에 해답이 있을까? 아니다. 문제는 여러 가지이지만 해결의 실마리는 한가지로 단순하다. 나와 타인들, 지구가 떼려야 뗄 수 없는 하나임을 뼛속 깊이 자각하고 공생의 삶을 사는 것이다. 이것이 지구를 살리기 위한 출발점이다.

우리는 인류 역사상 개인들의 선택으로 세상을 바꿀 수 있는 첫 세대이다. 세상은 이전에도 존재했고 사람들은 그전부터 살아왔지만, 이전에는 개인의 선택이 지구의 상태를 바꿀 정도로 영향을 미치지 못했다. 하지만 이제 상황이 달라졌다. 인류가 지구에 미치는 영향력이 압도적으로 커졌고, 개개인이 서로 소통하고 연결할 수 있는 기술력도 점점 발전해 이제는 개인들의 선택이 정말로 중요한 의미를 갖게 되었다.

지구과학자들은 "우리 후손들에게 건강한 지구를 물려줄 수 있을까?"라는 질문은 이제 유효기간이 지났다고 말한다. 지금 우리의 선택은 후손은 물론 우리 자신의 생존 여부를 물어야 할 만큼 급박한

공생의 기술

위기에 처해 있다. 단지 지금 이 시기에 지구에 존재하는 것만으로도 우리는 특별한 위치에 놓여 있는 것이다. 따라서 앞서 지구에 살았던 세대들과는 다른 수준의 지혜와 성찰, 용기와 책임감을 우리에게 요구하고 있다.

우리 앞에 크고 많은 문제가 쌓여 있지만 전례가 없었던 팬데믹의 도전을 헤치고 나온 것처럼 우리가 해낼 수 있다고 믿는다. 팬데믹의 경험은 힘들고 고통스러웠지만 동시에 새로운 가능성과 희망을 보여주었다. 우리는 전에는 상상조차 할 수 없었던 급박한 변화에 적응하면서 새로운 기준과 제도, 문화를 만들어내지 않았는가?

무엇보다 우리에게는 인간과 지구를 사랑하고 모두가 행복하기를 바라는 선한 마음이 있다. 자신과 동료들에 대한 믿음이 있다. 지금 우리 앞에 놓인 모든 도전에 완벽한 해법은 없지만 우리의 마음과 믿음이 결국에는 답을 찾아낼 것이다.

금방이라도 삶의 기반이 산산조각 날 것처럼 위태롭게 느껴지는 이 순간에도 수많은 사람의 마음이 깨어나고 있다. 자신의 삶을 돌아보며 대안을 찾고, 지구와 인류를 위해 뭐라도 해야겠다는 마음을 내는 사람들이 많다. 당신도 그런 사람 중의 하나라고 믿는다. 이 책은 당신이나 나와 같은 지구시민들의 마음을 연결하여 서로에게 영감과 힘이 되고자 하는 시도이다.

일지 이승헌

더 나은 세상을 위한 선택

개인의 삶이나 전 세계 역사에서 갈등이나 도전이 없었던 시절은 없다지만 지금 우리가 당면한 문제는 규모나 영향력이 이전과는 비교할 수 없을 만큼 크고 광범위하다. 기후변화나 핵전쟁의 위협, 생태계 붕괴, 인류가 통제하기 어려울지도 모를 신기술 등 열거하자면 지면이 모자랄 정도이다. 이 문제들의 심각성을 바라보는 인식이나 반응은 개인 혹은 개인이 속한 집단에 따라 다르고, 때에 따라서는 화해가 불가능할 정도로 양극화되어 있다. 이런 모습은 특정 지역이나 국가만이 아니라 세계 곳곳에서 나타나고 있다. 우리가 이런 거대한 도전을 극복하고 더 나은 세상을 만들기 위해 협력해야 한다면 과연 어디에서 시작해야 할까? 모두에게 적용할 수 있는 공통의 기반이 있을까?

　이 책은 이러한 질문에서 시작했다. 그리고 그 응답을 압축한 것이 책의 제목인《공생의 기술》이다. 이 응답이 해답이 될지는 우리 모두에게 달려 있다. 지속 가능하고, 평화롭고, 모두를 위한 복지가 실현된 세계를 만드는 것은 많은 사람이 원하고 희망하는 목표이다. 이 목표를 이루기 위해 필요한 것은 심오한 철학이나 고도의 기술, 압도적인 무력이 아니다. 서로 싸우지 않고 같은 시간과 공간에 함께 존재하는 것, 공생할 줄 아는 것이다. 공생은 아주 당연하게 들리지만 안타깝게도 우리는 아직 이 기본을 터득하지 못하고 있다.

그런데도 나는 이 책에 공저자로 참여하면서 인류의 미래에 희망을 갖게 되었다. 우리 안에 있는 '마음'의 힘 때문이다. 이 책에서 주목하는 마음의 특성은 '성찰, 양심, 공감'이다. 이러한 내면의 안내자들이 있기에 인간은 자신을 돌아볼 줄 알고, 옳고 그름을 구분하여 옳지 않은 것을 불편하게 여기고, 다른 대상이 고통을 느끼는 것을 보면 자신도 비슷한 고통을 느낀다. 때로는 뇌가 너무 많은 부정적인 정보와 스트레스로 균형을 잃고 제 기능을 못 할 수도 있지만, 그 균형을 찾도록 도와주면 마음의 힘을 회복하여 누가 시키지 않아도 자연스럽게 공생을 선택할 수 있다. 이러한 믿음에서 이 책은 시작되었다.

《공생의 기술》의 주 저자인 일지 이승헌 총장은 평생 일관되게 이러한 믿음으로 저술과 교육 사업을 펼쳐왔다. 그가 한민족의 건국이념인 '홍익인간'에 뿌리를 두고 뇌교육과 지구시민운동 등 다양한 형태로 전개해올 수 있었던 힘은 인간 본성에 대한 믿음이다.

내가 이승헌 총장을 만난 것은 25년 전이다. 30대 초반이던 당시 나는 극심한 좌절감에 빠져 있었다. 더 나은 세상, 정의로운 세상을 염원하며 온 힘을 다해 노력했지만, 실질적인 변화를 끌어내기 위해 내가 할 수 있는 일은 아무것도 없다는 무력감만 남아 있었다. 그런 내게 인간 본성에 대한 믿음을 심어준 사람이 그였다. 인간의 본성 회복을 통해 더 나은 세계를 만들고자 하는 그의 의지는 단순하고 명확했다. 그 단순하고 명확한 진심이 내 마음을 이리저리 흔들던 갈등들을 날려버렸다. 그를 평생의 스승으로 따르고자 선택했고, 미국으로 건너와서 지금까지 그를 도우며 그 진심을 다양한 방식으로 전하는 일을 해왔다.

미국에서의 25년은 도전과 개척, 크고 작은 실패와 성공의 경험들로 가득하다. 그 속에서 어느새 그의 진심이 점점 나의 진심이 되어가고 있음을 느낀다. 그 진심이 내가 스승으로부터 받은 가장 큰 선물이고, 내가 스승에게 드릴 수 있는 최선의 보은이라 생각한다. 공저자로 참여하면서 더 깊이 느끼고 확인할 수 있었다.

이 책에 참여할 영광스러운 기회를 준 스승께 깊이 감사드린다. 공생의 메시지가 더 많은 사람에게 전달되는 데 조금이라도 도움이 되기를 희망한다.

스티브 김

차 례

1부

유일한 삶의 길, 공생

1

공생의 눈으로
세상 보기

흰동가리는 주황색 몸에 흰색 띠를 두르고 있는 아주 귀엽게 생긴 물고기이다. 귀여운 외모 덕분에 디즈니 애니메이션에서 니모라는 이름으로 주인공이 되기도 했다. 이 물고기는 말미잘 주위를 헤엄쳐 다니다 큰 물고기가 잡아먹으려고 덤벼들면 말미잘 촉수 속으로 숨는다. 멋모르고 덤벼든 큰 물고기는 촉수에 독이 있는 말미잘에 쏘여 먹이가 된다. 이상하게도 이 촉수의 독은 흰동가리에게는 전혀 해가 되지 않는다고 한다. 흰동가리는 말미잘의 병든 촉수를 제거하고 찌꺼기를 청소해서 자신을 보호해준 말미잘에 도움을 준다.

흰동가리와 말미잘처럼 서로 다른 생물 종이 긴밀하게 작용하면서 서로를 파괴하지 않고 도우면서 살아가는 관계를 '공생'이라 한다. 초등학생 시절에 악어와 악어새, 개미와 진딧물, 동백나무와 동박새 등 공생 관계에 있는 생물들의 이름을 외우던 기억이 있을 것이다.

자연계에는 공생 관계에 있는 생물들이 널려 있다. 우리에게 아주 익숙한 꽃과 벌의 관계만 해도 그렇다. 벌은 꽃에서 꿀과 꽃가루를 얻고, 꽃은 벌의 도움으로 열매를 맺는다. 둘의 공생 관계는 서로에게도 유익하지만, 다른 동식물의 삶에도 지대한 영향을 미친다. 이 둘의 공생 관계가 없다면 우리가 먹는 대부분의 과일과 열매들이 사라질 것이다.

공생은 거대한 생명의 순환

우리는 생물 시간에 공생과는 완전히 반대되는 의미인 천적에 대해서도 배웠다. 잡아먹고 잡아먹히는 먹이사슬로 연결된 관계이다. 작은 곤충은 파리에게 먹히고, 파리는 개구리에게 먹히고, 개구리는 뱀에게 먹히는 식이다. 그런데 천적은 한쪽이 다른 한쪽을 파괴하기만 하는 관계일까?

원래 청어잡이에서 유래해 경영학에서도 쓰이는 '메기 효과'라는 용어가 있다. 17~18세기 북유럽 어민들의 주요 수입원은 청어였다. 청어는 육지에서 멀리 떨어진 차가운 해역에서 잡히는 어종이라 수송하는 중에 많이 죽었다. 그런데 노르웨이의 한 어부는 잡은 청어를 거의 죽이지 않고 매번 항구로 실어 날라 큰돈을 벌었다. 그 어부가 죽고 난 후에야 알려진 비법은 바로 청어를 담은 수조 안에 천적인 메기를 몇 마리 넣어두는 것이었다. 메기에게 잡아먹힐 위협을 느낀 청어는 사방팔방으로 도망 다닌 덕분에 항구에 도착할 때까지 싱싱하게 살아남았다. 바로 천적의 존재가 청어의 생존력을 높여준 것이다. 메기와 청어처럼 자연계에서 천적이 반드시 적이기만 한 것은 아니다. 비슷한 사례는 많다. 사자와 영양의 관계가 대표적이다. 사자와 같은 최상위 포식자가 사라지면 초식동물의 낙원이 될 것 같지만 사실은 그렇지 않다. 사자가 없으면 영양들의 수가 지나치게 늘어 목초지가 파괴되고 결국 영양도 살 수 없는 환경이 된다.

초목과 초식동물의 관계도 마찬가지이다. 초목을 먹이로 하는 초식동물이 없으면 초목이 더 번성할 것 같지만 사실은 정반대이다. 초식동물이 적절하게 풀을 깎아주기 때문에 새로 자라는 풀이 햇빛을 충분히 받을 수 있다. 또 초식동물의 배설물은 풀의 거름이 되어준다. 초식동물들의 활동 자체가 벌초, 파종, 비료 공급 역할을 하는 것이다. 적정 수의 초식동물이 없으면 길게 자란 풀들이 쓰러지면서 땅을 덮어 햇빛을 막는다. 씨앗도 땅에 제대로 뿌리내리지 못해 다음 세대들이 자라나기 어렵다. 나중에는 오히려 풀이 사라져 사막화가 진행된다.

자연계의 많은 생명체가 먹고 먹히는 적대적인 관계에 있는 것처럼 보인다. 그러나 넓고 긴 안목에서 보면 서로 도움을 주는 관계, 더 나아가 서로에게 절대적으로 필요한 관계로 연결되어 있다. 이러한 생명의 큰 순환은 코앞의 이익만 보는 안목으로는 볼 수가 없다. 멀리, 길게, 깊이 보는 안목이 있어야 모든 생명체를 연결하는 거대한 생명의 순환을 볼 수 있다.

물 한 잔의 의미

일반적으로 알려진 생물학적인 공생 관계는 공생이 아주 작은 부분에 지나지 않는다. 크게 보면 모든 생명체가 생명의 큰 순환 속에서 서로에게 도움을 주고받는 관계로 연결되어 있다. 더 크게 보면 이러한 보편적인 공생 관계도 지구 전체를 아우르는 더 큰 에너지 흐름과 물질 순환의 일부이다.

지금 내 앞에는 물이 한 잔 놓여 있다. 이 물은 컵이라는 작은 공간에 갇혀 분리된 것으로 보인다. 그래서 다른 도시의 식수 오염 뉴스를 보면서 안타까운 마음을 갖지만, 별 걱정 없이 내 앞에 있는 물을 마실 수 있다. 하지만 이 물을 컵에 갇혀 분리된 것으로 보는 것은 착각에 지나지 않는다.

이 세상에 물만큼 세상을 널리 여행하는 것도 없을 것이다. 물은 바람을 타고 구름으로 떠다니다 적절한 조건이 되면 빗방울이 되어 땅으로 떨어진다. 빗방울이 모여 흐름을 만들고, 멈추고, 다시 흐르기를 반복하다 결국에는 바다에 이른다. 바닷물은 햇빛을 받으면 증발하여 다시 구름이 된다. 이 컵 속의 물도 그러한 순환의 일부이다. 내가 이 물을 마신 후 몇 시간이 지나면 이 물은 내 몸을 떠나 다시 그 흐름에 참여한다. 지금 내 앞에 있는 이 컵이나 내 몸속도 그 흐름 중 잠시 멈춰 쉬어가는 곳에 지나지 않는다. 똑같은 물방울은 아니겠지만 물 자체는 돌고 돌아 언젠가는 다시 내게 돌아올 것이다.

우리는 모두 생명의 순환과 에너지 흐름의 일부로 존재하고 서로서로 의지해가며 살고 있다. 공생은 다양한 생명체들로 이루어진 생태계에서 발견되는 특별한 사례가 아니다. 생명이 존재하는 모든 곳에서 발견되는 가장 보편적인 존재의 방식이다. 공생은 다양한 삶의 방식 중 하나가 아닌 우리 삶을 지속할 수 있는 유일한 방식이다.

사람이 특별한 이유

자연계에서는 생명의 순환과 에너지의 흐름이 저절로 이루어진다. 누군가 의식적으로 개입할 필요가 없다. 물이나 공기만 저절로 흐르는 것이 아니다. 식물과 동물의 생태계도 스스로 알아서 돌아간다. 사자는 배고픔을 채우기 위해 본능적으로 영양을 사냥한다. 영양은 먹히지 않기 위해 본능적으로 도망친다. 사자는 영양을 사냥하면서 단지 자신의 배를 채우는 것일 뿐 먹이사슬의 균형을 유지한다는 생각은 하지 않는다. 영양은 도망치면서 사자가 무자비하게 자신의 목숨을 노리는 것 같지만 사실은 목초지의 생태 균형을 유지하기 위해서라고 생각하지 않는다. 단지 사냥하고 도망치는 가운데 모두를 이롭게 하는 순환이 자연스럽게 일어나고 균형이 유지된다.

자연계에서는 동식물들이 공생하려고 의도적으로 노력하지 않아도 공생이 저절로 이루어진다. 그렇다면 인간이 사자처럼 자신이 원하는 것을 원하는 만큼 자연에서 취해도 자연계의 순환이 자연스럽고 균형이 잘 유지될까? 안타깝게도 인간과 자연과의 관계는 그렇지 않다. 자연에서는 저절로 일어나는 균형과 조화가 왜 인간에게는 적용되지 않는 걸까?

가장 중요한 이유는 다른 종에 비해 인간이 자연에 미치는 영향이 자연이 스스로 균형을 유지하는 능력을 넘어설 만큼 압도적으로 크기 때문이다. 인간이 미치는 영향력의 총합은 모든 사람이 별문제를 일으키지 않고 '착하게' 살아도 이미 어떤 자연력보다 크다. 인간이 실수로 혹은 의도적으로 자신의 힘을 대대적인 파괴를 위해 사용했을 때 어떤 결과를 불러올지, 우리는 너무 잘 알고 있다.

45억 년에 걸친 지구의 기나긴 진화의 역사 속에서 인간의 영향력에 비견할 종은 없다. 1억 5천만 년 동안이나 지구 생태계에서 지배적인 위치에 군림했던 공룡들조차 현재 인류가 미치는 영향력과는 비교가 안 된다. 인류는 지구에 존속한 지 불과 4백만 년밖에 안 되지만 지구 전체에 미치는 영향력이 다른 어떤 생명체도 이르지 못했던 위치에 있다.

사람이 지구에 미치는 영향이 다른 동식물에 비해 압도적인 요인 중 하나는 개체수이다. 일반적으로 먹이사슬에서는 위로 갈수록 개체수가 크게 줄어든다. 또 같은 단계에서는 여러 종이 서로 경쟁하면서 균형을 유지한다. 그런데 인간은 먹이사슬의 최상위 단계에 있으면서 개체수는 다른 최상위 포식자와는 비교할 수 없을 만큼 많다

예를 들면, 현재 전 세계에 호랑이는 약 5천 마리 정도밖에 남지 않았다. 좀 더 형편이 나은 사자도 2~3만 마리 정도이다. 현재 지구에는 약 80억 명의 사람이 있다. 인간의 지능이나 기술 등 다른 조건을 고려하지 않고 인류가 먹이사슬의 최상위에서 엄청난 개체수를

가지고 있다는 사실만으로도 전체 생태계에 심각한 불균형을 일으킨다.

그런데도 인류가 존속할 수 있다는 것 자체가 역설적으로 지구 생태계가 가진 대단한 유연성과 적응력, 회복탄력성을 보여 준다. 하지만 인류가 계속 파괴적인 생존 방식을 고집한다면 지금 같은 균형을 유지하는 것은 불가능해질 것이다. 용수철을 감당할 수 있는 수준 이상으로 잡아당기면 회복 능력을 잃어버리는 것과 마찬가지이다.

이러한 특수한 조건을 가진 인간에게는 다른 종과는 다른 행동이 필요하다. 우리가 자연으로부터 부여받은 본능에 따라 마치 사자가 영양을 사냥하듯 자신이 필요한 것을 원하는 대로 주변 환경에서 취한다면, 결국 우리 자신마저 존속할 수 없게 된다. 이러한 생태학적인 특수성 외에 지식과 기술을 바탕으로 한 비할 수 없는 경쟁력을 고려하면, '본능에 따라 필요한 것을 취한다'는 지극히 정당한 생태계의 생존 원리를 인간에게 적용할 수 없음이 분명해진다. 그러나 안타깝게도 우리는 그동안 지구에서 필요한 만큼 취하면서 살아왔다. 지금 우리는 이러한 삶의 방식이 가져온 생태계 파괴의 규모에 충격을 받고 우리의 실수를 돌이킬 방법을 힘겹게 찾고 있다.

자연계에 공생을 생각하고 조화를 이루어 살려고 노력하는 동식물은 없다. 그저 각자 주어진 조건에서 살아남고 번식하기 위해 최선을 다할 뿐이다. 그 가운데 균형이 이루어지고 조화가 만들어진다. 하지만 이 같은 자연스러운 조화가 인간에게는 적용되지 않는다. 인간은 이미 그러한 위치를 훨씬 넘어섰다. 인간이 하고 싶은 대로 하면서 공생이 저절로 이루어지기를 바라며 자연에 맡겨둔다면 결국은 자멸과 공멸에 이를 것이다. 인간은 자연과의 관계에서 공생을 자연의 섭리에 맡겨둘 위치를 이미 넘어섰다. 자연에서 공생은 현상이지만 인간에게 공생은 선택이고 창조이다. 인간이 공생을 창조하지 않으면 지구의 미래에 공생은 없다.

다른 동식물과 달리 인간에게는 이러한 선택과 창조를 가능하게 하는 특별한 능력이 있다. 스스로를 성찰해서 행동을 선택하고 조질할 수 있는 것이다. 우리는 인간이 아닌 다른 동물에게도 지능이 있다는 사실을 알고 있다. 고래, 개, 고릴라, 침팬지는 높은 지능을 가지고 있으며 학습도 가능하다. 이들 중 다수는 위계질서를 유지하고 아주 단순한 수준이지만 분업하고 협동하는 모습도 보여준다.

그러나 이들 중 어떤 종도 사람처럼 자신을 성찰하고 행동을 선택하며, 자기 종을 넘어 자신과 환경과의 관계, 자신과 다른 종과의 관계를 생각하지는 않는다. 위기에 처한 다른 동물들을 도와주는 이타적인 행동을 하는 것으로 알려진 고래도 북극곰이나 시베리아 호랑이가 멸종 위기에 처했다고 걱정하지는 않을 것이다. 자신이 속한 집단을 넘어 다른 생명체들과 주변 환경까지 고려할 수 있는 생명체는 인류뿐이다.

현재 지구에는 우리가 균형을 바로잡지 않으면 그렇게 할 수 있는 다른 생명체가 없다. 만일에 우리가 하지 않고도 균형이 바로잡힌다면 지구 자체의 회복력 덕분일 것이다. 하지만 이것은 인류만이 아니라 현재 지구상에 존재하는 수많은 동식물에게도 멸종이나 그에 준

하는 수준의 고통스러운 변화를 의미할 것이다. 지금 인류가 보이는 행태는 다른 생명체들에게 두려움이고, 위협이며, 절망이다. 그런데도 그들이 변화를 바라고 기댈 수 있는 종은 인간 외에는 없다. 그런 의미에서 인간은 우리 자신에게만 희망이 아니다. 인간은 모든 동식물에게도 절망이면서 동시에 유일한 희망이다.

지구를 살린다는 착각

현재 지구의 환경과 생태계의 위기 상황을 이야기할 때 우리는 '지구를 살린다'라는 표현을 사용하고 실제로 그렇게 생각하기도 한다. 수사적인 이유나 정서적인 호소를 위해 그렇게 표현할 수는 있다. 하지만 엄밀히 말하자면 우리가 지구를 살린다는 것은 착각이다.

지금껏 지구에서는 생명체의 3분의 2 이상이 사라지고 다른 종으로 교체되는 대멸종이 다섯 차례 있었다. 지금보다 훨씬 더 극적인 기후변화도 여러 차례 겪었다. 이러한 변화의 역사 속에서 우리보다 지구에 오래 존속한 종들도 수없이 많다. 흔히 살아 있는 화석이라 불리는 상어 같은 어류, 고사리 같은 식물, 바퀴벌레 같은 곤충도 인간에 비할 수 없이 오랜 기간 지구에서 살아왔다. 우리보다 앞서서 지구 생태계에서 최상위 포식자로 군림했던 공룡의 존속 기간에 비하면 인간의 시간은 50분의 1에 지나지 않는다.

다양한 생명체들의 변화 속에서도 유지되어 온 것은 지구 자체다. 마치 무대에서 연극이 펼쳐지는 동안 한 막이 끝나고 다음 막이 시작되면서 등장인물이 달라지는 것처럼 생물 종들은 다양하게 교체되었다. 하지만 지구라는 무대 자체는 늘 그 자리에 있으면서 생명체들이 각자의 개성과 역할을 드러낼 토대를 제공해왔다.

그렇기에 지금 가장 위기에 처한 것은 사실 우리 인간이다. 현재와 같은 환경 위기가 계속될 경우, 지구가 어떻게 변화할지 우리는 알지 못한다. 어쩌면 변화된 환경에서 어떻게 살아남을지는 더 이상 우리가 걱정할 문제가 아닐 수도 있다. 분명한 것은 우리가 하지 않으면 지구 스스로 균형을 찾을 거라는 사실이다. 지구의 역사에서 이미 여러 차례 그러했던 것처럼. 변화는 이미 일어나고 있다. 기후 위기는 그러한 변화의 일부이다.

우리의 선택과 상관없이 일어나는 지구의 균형 회복은 우리가 원하는 방향과는 전혀 다른 모습일 것이다. 우리에게 시간적 여유가 얼마나 남아 있는지 정확히 말할 수 있는 사람은 아무도 없다. 과학자들의 예측조차도 편차가 크다. 하지만 모두가 한목소리로 현재와 같은 불안정한 상태가 오래가지 않을 거라 말한다.

강철과 콘크리트와 유리로 지어진 높은 건물이 가득한 도시, 한 나라가 지구의 모든 도시를 파괴할 수 있는 수준의 군사력, 지구의 곳곳을 연결하고 감시할 수 있는 정보 통신 체제는 마치 세계가 아주 견고하고 튼튼하다는 인상을 준다. 하지만 실상은 그러한 인상과는 너무도 달랐다. 우리는 최근의 팬데믹과 무역 분쟁, 더욱 빈번해진 대규모 자연재해, 전쟁과 통화정책의 변화를 겪으며 개인적으로도 사회 전체적으로도 우리 삶이 얼마나 취약한지 경험하고 목격하였다.

우리를 보호해줄 것이라 믿었던 사회시스템이 제 기능을 못 할 때,

시스템에 의존해왔던 개인들은 자연환경과 사회적 환경의 변화에 더 취약할 수밖에 없다. 지금 같은 의존성과 현재 수준의 적응력, 생존 능력으로 우리가 예측할 수도 없는 큰 변화에 얼마나 버틸 수 있을까? 만일 지구 스스로가 균형을 회복하기 위해 과거 대멸종 같은 수준의 변화를 일으킨다면, 아마도 그 변화 이후 지구에서 펼쳐질 그림 속에 우리 인간은 존재하지 않을 것이다.

우리에게 필요한 변화

기후변화의 징후와 결과, 인간의 활동이 초래한 환경 파괴 사례는 이미 너무 많다. 1년 동안 얼마나 많은 생물이 사라지고, 얼마나 많은 숲이 파괴되고, 얼마나 많은 담수호가 사라지는지 인터넷을 검색하면 누구나 찾을 수 있다. 얼마나 큰 땅이 사막화되고, 얼마나 많은 쓰레기가 버려지고, 얼마나 많은 온실가스가 배출되는지도 마찬가지이다. 단지 숫자만이 아니라 사진과 영상으로 실태를 적나라하게 보여주는 충격적인 시청각 자료도 얼마든지 있다.

문제는 그러한 데이터를 더 자세히 제시하고, 더 충격적인 사례를 드는 것으로 변화가 일어나지 않는다는 사실이다. 중요한 것은 정보의 부족이 아니라 우리 마음을 바꾸는 것이다.

우리는 기후변화나 지속 가능성을 대부분 거시적으로 보는 경향이 있다. 신기술 개발이나 인프라 개선, 국제 협약과 새로운 법률 제정 등이 문제를 해결할 수 있다고 믿는다. 보통의 개인들이 다룰 수 없는 큰 문제이므로 해당 분야의 전문가, 정부의 대표자, 초거대 기업의 대표를 비롯한 '어떤 누군가'가 할 것으로 생각한다.

현재 우리는 에너지원의 대부분을 화석연료에 의존하고 있고, 생산과 소비 활동의 대부분이 탄소를 배출하는 탄소 기반 문명 안에서 살고 있다. 예를 들어, 중형차 한 대가 1킬로 달리는 동안 탄소를 300그램 배출한다고 치자. 하루 10킬로 정도 운전한다면 탄소를 3,000그램이나 배출하게 된다. 전기차가 많이 보급되고 있다지만 개인 운송 수단의 대부분이 전기차로 바뀌는 데는 20~30년 이상 걸릴 것이다. 현재 대부분의 운송 수단은 탄소에 기반한 내연기관에 의존하고 있다. 운송 수단만이 아니라 우리가 하는 거의 모든 생산과 소비가 탄소 기반 위에서 이루어진다.

이 상태에서 우리의 의식이나 생활 방식은 바꾸지 않고 탄소 배출량만을 줄이려는 것은 결국 경제활동의 축소를 의미한다. 그런데 과연 어느 정치 지도자가 마이너스 경제성장을 비전으로 제시할 수 있을까? 어느 기업의 CEO가 생산, 매출, 순익의 감소를 경영 목표로 선택할 수 있을까? 지속 가능한 지구를 위한 선택과 집단의 이익이 충돌할 때 표를 잃거나 이익이 감소할 것을 감수하고 지구를 위한 선택을 우선시할 대통령 후보자나 기업의 대표가 과연 몇 명이나 있을까? 안타깝게도 이것이 우리를 대신해서 뭔가를 해주기를 기대하고 바라보는 '어떤 누군가'들이 처한 현실이다. 이런 상황들을 고려하면 그 '어떤 누군가'에게 지구를 위한 선택을 하지 않는다고 책임을 묻고 비난할 수 있을까?

이렇게 거시적인 변화를 기대하고 우리를 대신해서 이 일을 해줄 누군가를 기다리는 동안 우리 삶은 더 피폐해지고, 지구는 회복 불가능할 지경에 더 가까워진다. 정말로 필요한 변화는 우리가 외부에서 받아들이는 정보나 신기술의 개발, 강화된 규제나 협약이 아니라 내부의 변화이다.

공생의 눈으로 세상을 바라보고, 공생의 마음으로 세상을 느끼고, 공생의 기준으로 행동하는 것이 진정한 변화의 시작이다. 우리 내부에서 그렇게 변화를 시작하면 삶에서 많은 것들이 달라진다. 서로에게 좀 더 관심을 갖고 친절해지는 작은 변화로도 삶은 훨씬 더 안전하고 평화로워질 수 있다. 불필요한 낭비를 줄이는 것만으로도 우리 삶은 더 여유로워지고, 지구의 스트레스는 줄일 수 있다. 새로운 기술이 없어도, 새로운 제도를 만들지 않아도, 새로운 인프라를 도입하지 않아도 이러한 작은 변화를 통해 많은 것을 할 수 있다. 고통스러운 충격 없이 자신의 삶을 바꿀 수 있고, 우리가 속한 공동체와 지구 환경을 바꿀 수 있다. 지금 우리에게 가장 절실한 것은 내 삶에서부터 그러한 변화를 만들어내겠다는 마음을 내는 것이다. 이것이 우리에게 가장 필요한 변화이고, 우리 스스로를 살리는 길이다.

2

연결된 세상,
분리된 우리

2019년 겨울에 시작된 코로나 팬데믹은 세계 어느 곳에 살든 우리 모두에게 매우 힘들고 고통스러운 경험이었다. 팬데믹 때문에 우리가 치러야 했던 희생과 비용은 지금까지 경험한 어떤 재난보다 크다. 그만한 희생과 비용을 치르고도 팬데믹은 여전히 진행 중이다. 전문가들의 예측대로라면 코로나는 사라지기보다는 우리가 적응하고 통제할 수 있는 수준에서 우리 삶의 일부로 남을 것 같다.

시간을 이기는 것은 없다. 아무리 강렬한 경험이나 기억도 시간이 지나면 희미해지고, 감정도 옅어진다. 모두의 삶을 뿌리째 뒤흔들었던 코로나 팬데믹에 관한 기억 또한 마찬가지일 것이다. 그러나 경험을 통해 배운 자각과 지혜는 시간이 지나도 우리를 성장시킨다.

우리는 개인 차원에서 팬데믹을 통해 무엇을 배웠을까? 그리고 인류 차원에서는 무엇을 배웠을까? 이번 팬데믹의 경험이 단지 빨리 잊고 싶고, 떨쳐버리고 싶은 두려움과 불편함으로만 남지 않았으면 한다. 그보다는 우리에게 정말로 소중한 가치들이 어떤 것인지, 우리의 진정한 힘이 무엇인지, 건강하고 안전하고 지속 가능한 세상을 어떻게 함께 만들어갈 수 있을지를 발견하는 계기가 되길 희망한다.

공생의 기술

팬데믹이 상기시켜준 교훈

모든 생명이 하나로 연결되어 있다는 사실이 낯선 이야기는 아니다. 거의 모든 영적인 전통에서 오래전부터 수없이 반복하며 강조해온 메시지이다. 생명의 연결성은 고요한 명상 속에서만 경험할 수 있는 것도 아니다. 2008년에 일어난 세계 금융 위기가 그렇다. 미국 뉴욕의 월스트리트에서 시작된 한 사건이 전 세계를 연결하는 금융시스템을 통해 파급되어 대규모 충격을 일으켰던 사태를 많이들 기억할 것이다. 하지만 모든 생명이 하나로 연결되어 있다거나 세계가 하나의 시스템으로 돌아간다는 것이 여전히 추상적으로 느껴질 수 있다. 간접적으로만 경험했다면 실감이 안 날 수도 있다.

　그런데 코로나 팬데믹의 경험은 달랐다. 중국의 한 도시에서 발견된 새로운 종류의 바이러스가 팬데믹이 되는 데 걸린 시간은 불과 2~3개월밖에 되지 않았다. 그만큼 우리는 가까이 연결되어 있었다. 우리 중 상당수가 직접 감염되었고, 주변에 감염으로 고통받는 많은 사람을 지켜보았다. 가족이나 친구, 동료를 잃기도 했다. 2022년 10월 현재, 전 세계 코로나19 감염자 수는 6억, 사망자 수는 6백만 명이 넘는다. 세계 곳곳에서 감염자 수가 증가하고 감염 범위가 확대되는 과정이 생중계처럼 우리에게 전달되었다. 감염 확산을 막기 위해 거주 이동과 대면 접촉이 제한되는 부자유와 불편을 모두가 경험했다. 팬데믹을 통해 모든 사람이 매우 개인적이고 직접적인 수준에서 세계가 어떻게 서로 연결되어 있는지 실감 나게 체험했다.

팬데믹 기간에 각국의 사람들이 가장 불편하게 느꼈던 것 중 하나가 마스크 착용이다. 여행이나 모임 제한 같은 것도 우리를 부자유하게 했지만, 마스크는 피부에 닿아 있고 가장 기본적인 생명 활동인 호흡에 방해가 되기 때문에 더 불편하게 느껴졌다.

우리나라는 미세먼지 경보가 발령될 때마다 국민들이 자발적으로 마스크를 착용했던 터라 '마스크 착용 의무화'를 크게 문제 삼지 않았고, 서로의 안전을 위해 비교적 순조롭게 받아들였다. 하지만 세계 여러 나라에서 마스크 착용을 둘러싸고 많은 논란이 있었다. 미국은 각 주의 정치적 성향에 따라 마스크 착용 의무화를 두고 입장이 다른 경우가 많았다. 팬데믹 초기만 하더라도 미국과 유럽에서는 마스크 착용에 이해도가 달라서 대체로 마스크 착용을 먼저 시작한 아시아계 시민들이 오해와 공격을 받기도 했다.

마스크 착용을 도입할 무렵 많은 사람이 보인 첫 반응은 "나는 괜찮은데 왜 불편하게 마스크를 써야 하는가?"였다. 나 자신만을 위해서가 아니라 나를 통해 감염될 수 있는 다른 사람들을 위해서라도 마스크를 써야 한다는 논리가 받아들여지기까지 상당한 시간이 걸렸다. 그렇게 하는 것이 궁극적으로 자신을 보호한다는 것을 인정하고 받아들이기까지는 더 긴 시간이 걸렸다.

마스크의 불편함은 한편으로 맑은 공기의 가치와 호흡의 중요함을 느끼게 해주었다. 생명체가 가질 수 있는 가장 근원적인 자유, 숨쉬기를 마음대로 할 수 없을 때 그 불편함은 말로 표현하기 어려울 정도였다.

우리는 물과 음식을 돈을 주고 사 먹는다. 그래서 물을 마시는 자기 컵이 있고, 밥은 담아 먹는 각기 밥그릇이 있다. 하지만 공기를 담는 각자만의 그릇은 없다. 어디를 가든 인류가 공유하는 허공이라는 아주 큰 그릇의 공기를 함께 들이마신다. 생명의 뿌리가 하나라는 사실을 이보다 더 잘 드러내주는 것이 있을까? 호흡을 하는 매 순간 우리가 얼마나 서로 깊이 연결되어 있는지를 보여준다. 모두가 깊이 연결되어 있다는 것, 그렇기에 다른 사람을 보호하는 것이 나를 보호하는 것이라는 것, 아마도 이것이 우리가 팬데믹에서 배운 가장 값진 교훈이자 숨 쉴 때마다 기억해야 할 진실일 것이다.

물론 이것은 팬데믹 상황에서만 적용되는 교훈이 아니다. 팬데믹 이후 공급망 붕괴로 발생한 전 세계 물류 대란, 팬데믹 기간 중 정부의 소비 진작과 경기 부양을 위한 통화공급량 증가로 발생한 인플레이션 위협과 이자율 조정, 세계 모든 나라가 엮여 있는 글로벌 환율 전쟁이 보여주는 결론도 마찬가지이다. 우리는 서로 깊이 연결되어 있다. 그렇기에 다른 사람을 보호하는 것이 나를 보호하는 것이라는 교훈은 환경오염, 기후변화, 사회적 안전, 정보 관리 등 우리 삶의 기반을 이루는 모든 것에 적용할 수 있다. 이를 조금 더 확장하면 우리는 '다른 사람을 이롭게 하는 것이 나를 이롭게 하는 것'이라는 훨씬 크고 깊은 자각에 이른다. 이 모든 경험이 우리에게 가르치는 것은 함께 살 공생의 방법을 찾으라는 것이다.

기후변화보다 더 심각하게
우리를 위협하는 것

'지속 가능성'이라는 말은 이제 우리에게 익숙한 용어가 되었다. 작게는 개인이 상품을 선택하는 기준에서부터 크게는 국가정책에 이르기까지 빠짐없이 등장하는 개념이다. 지속 가능성을 위한 신기술도 다양하게 개발되고 있고, 개인이 실천할 방법들도 꽤 많이 있다.

그런데 우리가 기억해야 할 중요한 사실이 있다. 지속 가능성이란 공동체적 차원에서만 실현이 가능하다는 것이다. 개인의 삶은 원래 지속 가능하지 않다. 자연계에는 번식기 같은 특수한 경우 외에는 대부분의 시간을 외톨이로 지내는 종들이 더러 있기는 하다. 대표적으로 호랑이가 그렇다. 그러나 대다수 동물은 집단을 이루어 산다. 조직적 질서를 갖춘 공동체를 이루는 경우도 많은데, 가장 두드러진 종이 우리 인간이다.

인간이 다른 종에 비해 지능이 뛰어나고, 불과 도구를 사용함으로써 다른 종과의 경쟁에서 우위를 점할 수 있었던 것은 분명한 사실이다. 하지만 이러한 지능과 도구도 사실 한 개체로서는 그다지 쓸모가 없다. 이는 과거와는 비교할 수 없을 정도의 지식과 기술을 사용할 수 있는 지금도 마찬가지이다. 모든 지식과 기술에 접속할 수 있는 상태라 해도, 자연 상태에 던져졌을 때 개인의 생존력은 예나 지금이나 별반 차이가 없거나 오히려 더 약해졌을 것이다. 현재 지구 생태계에서 우리가 지금과 같은 위치에 있게 된 것은 개개인이 뛰어나서가 아니라 인류라는 '우리'가 강하기 때문이다. 우리는 각자 개인으로서가 아닌 인류라는 막강한 배경을 업고 현재의 위치를 누리고 있다.

진화의 역사는 개체의 능력보다 사회성이 얼마나 큰 힘인지를 일관되게 보여준다. 현생 인류인 호모 사피엔스와 가장 가까웠다고 알려진 종은 네안데르탈인이다. 호모 사피엔스와 같은 시기에 살았던 네안데르탈인이 어떻게 완전히 사라지고 인류가 호모 사피엔스라는 하나의 종으로 남게 되었는지는 아직 설명되지 않은 수수께끼이다.

현재 발견된 생물학적 자료들을 근거로 살펴보면 네안데르탈인은 호모 사피엔스보다 골격도 크고 더 강했다. 두개골의 크기로 추측해 볼 수 있는 뇌 용량과 네안데르탈인들이 사용한 것으로 보이는 도구의 수준을 봤을 때, 지능에서도 호모사피엔스보다 부족했다고 할 수 없다. 따뜻한 지역에서 살았던 호모 사피엔스와는 달리 거칠고 척박한 환경에서 생존했던 네안데르탈인들이 환경 적응력도 더 뛰어났을 것으로 추측된다.

모든 점에서 진화적으로 더 유리했을 네안데르탈인들이 왜 호모 사피엔스에 밀려 도태되었을까? 가장 가능성 있는 가설 중 하나가 사회성의 차이이다. 호모 사피엔스가 사회성이 더 뛰어나 분업과 협력에 익숙했기 때문에 더 큰 집단을 형성할 수 있었다는 것이다. 아무리

공생의 기술

개체가 뛰어나도 집단의 규모 자체가 다르면 경쟁이 될 수 없었을 것이다.

비슷한 사례는 유목민과 농경민족의 경쟁에서도 볼 수 있다. 이따금 역사의 전면에 나타나 광대한 영토를 차지하고 막강한 위세를 떨치다 사라져간 유목민들을 보면, 개인적인 전투력에서는 유목민들이 농경민족보다 더 뛰어났다. 하지만 사회성, 분업, 협력 수준, 그러한 조건에서 만들어질 수 있는 집단 규모가 농경민족들에 비해 떨어졌기 때문에 유목민들이 결국은 경쟁에서 밀릴 수밖에 없었다.

다른 모든 종과의 경쟁에서 이기고 인류를 지금과 같은 위치에 있게 한 가장 큰 힘은 사회적 협력과 소통 능력이다. 그런데 참으로 아이러니한 것은 인류 사회를 붕괴시킬 가장 크고 가장 가까운 위협이 바로 인류 내부의 갈등이라는 사실이다. 우리는 이를 미국과 중국의 패권 경쟁이나 핵무기 사용 위협까지 언급되고 있는 러시아-우크라이나의 전쟁에서 여실히 확인하고 있다.

기후변화와 환경 파괴는 분명 우리가 직면하고 있는 가장 큰 위기이다. 하지만 좀 더 안정적인 기후와 더 건강한 환경이 인류의 지속 가능성을 보장해주는 것은 아니다. 인류 사회 내부의 갈등들은 환경 요인 못지않게, 어쩌면 그보다 더 심각하게 인류의 지속 가능성을 위협하고 있다. 우리가 인류 사회 내부의 갈등을 해결하고 공생할 방법을 찾지 못한다면 우리에게 지속 가능한 미래는 없다.

무엇이 공동체를
안전하고 건강하게 하는가?

초고속 통신 기술과 네트워크의 발달로 지구상 어느 곳에서 무슨 일이 일어나고 있는지 아는 데 긴 시간이 걸리지 않는다. 단 몇 번의 클릭으로 먼 나라의 정보를 쉽게 알 수 있고, 그곳에서 만들어진 물건도 구입할 수 있다. 지구 반대편에 있는 사람과 실시간으로 영상통화를 할 수도 있다.

거리가 더 이상 소통과 교류의 장애가 되지 않다 보니, 많은 사람이 다른 나라나 다른 문화를 예전보다 훨씬 덜 낯설게 느낀다. 한 번도 가본 적 없는 먼 나라도 가까운 도시처럼 느껴진다. 그곳 사람들의 삶의 모습을 유튜브 영상을 통해서 생생하게 볼 수 있고, 그들과 교류하는 것도 어렵지 않기 때문이다. 그만큼 세상이 작아졌음을 느낀다.

이런 연결망 속에서 우리가 놓치기 쉬운 것은 연결의 양이 아니라 질이다. 페이스북 자료에 따르면, 2021년을 기준으로 한 달에 한 번 이상 자신의 페이스북을 사용하는 월간 활성 사용자 수는 29억 명에 달한다. 전 세계 80억 인구의 36%에 이르는 숫자이다. 1인당 평균 친구 수는 340명이다. 개인별 친구 숫자를 다 합치면 세계 인구의 100

배를 훨씬 웃돈다. 달리 말하면 전 세계 인구가 친구 관계로 겹겹이 얽혀 있는 것이다. 전 세계 인구의 36%가 친구로 엮여 있다면 지구 어디를 가도 적敵을 찾아볼 수 없는 이상향이어야 할 것 같은데 현실은 그렇지 않다. 안타깝게도 폭력과 테러, 차별과 증오에서 비롯된 범죄 소식이 끊이지 않는다.

최근에 건강을 위협하는 요인으로 새롭게 주목받는 것이 '외로움'이나. 심시어 외로움을 흡언이나 비만, 운동 부족보다 더 심각한 문제로 본다. 연구에 따르면 친밀한 사회적 연결의 결핍이 사망률을 26% 이상 증가시킬 수 있다고 한다. 이는 매일 담배 15개비를 피우는 것과 맞먹는 정도이다. 이 세상이 친구와 친구의 친구들로 가득한데 많은 사람이 외로움으로 죽어간다는 것이 얼마나 역설적인가?

우리는 다양한 소셜 미디어를 통해 자기 일상을 수많은 친구에게 열심히 공유하고 있다. 그 가운데 내 꿈에 같이 가슴이 설레고 내 고통을 함께 아파해줄 수 있는 사람은 몇 명이나 될까?

진정한 연결을 만들어주는 것은 소셜 미디어의 친구 숫자나 '좋아요' 숫자가 아니다. 내적인 연결이 없는 외형상의 연결은 오히려 사람들을 더 분리하고 외롭게 만든다. 우리가 만드는 다양한 사회적 네트워크를 진정으로 연결해주는 것은 꿈, 신뢰, 보살핌 같은 것들이다. 함께하는 꿈이 있을 때, 서로에게 솔직한 모습을 보여줄 수 있을 때, 서로의 고통을 함께 아파하며 보살필 수 있을 때 진정한 연결이 만들어진다. 아무리 화려하고 커 보이는 관계망이라도 서로에 대한 신뢰나 배려, 보살핌, 함께 공유하는 목표나 가치가 없다면 그것은 우리 삶을 보기 좋게 싸고 있는 포장지에 불과하다.

공동체 삶의 질에 가장 크게 영향을 미치는 요소에 관한 매우 흥미로운 연구 결과가 있다. 당신은 안전, 범죄율, 취업 기회, 보건 등 공동체 선반적인 삶의 질에 영향을 미치는 가장 중요한 요소가 무엇이라고 생각하는가? 보안 시스템, 경찰 수, 공동체 구성원들의 교육 수준, 소득, 많은 일자리를 가진 사업체? 물론 이 모든 것들이 다 중요하다. 그런데 많은 연구 결과가 이러한 요소들과 같은 정도로 혹은 더 크게 영향을 미치는 요소를 거론한다. 바로 '얼마나 많은 사람이 서로의 이름을 아는지, 그리고 얼마나 자주 공개된 공간에서 서로 교류하는지'이다. 좀 더 간단히 표현하면 '서로에게 얼마나 관심을 가지고 마음을 쓰는지'이다.

그것은 아주 간단하게 서로가 누구인지 아는 것에서 시작한다. 예를 들면, 거리나 시장에서 마주쳤을 때 서로 이름을 부르며 인사하는 것이다. 매우 단순한 것 같지만 이러한 요소가 공동체 의식과 소속감을 심어주고 서로에게 책임감을 느끼게 한다. 서로에게 어떤 형태로든 도움을 주려는 마음을 내게 하고, 최소한 고의로 해를 끼치지 않으려는 마음을 갖게 한다.

내가 어렸을 때만 해도 시골 마을에서는 서로서로 집안 사정을 잘 알았다. 결혼이나 장례 같은 큰일이 생기면 늘 자기 일처럼 서로 도와주기 때문에 조금 과장하면 동네 부인들은 옆집 숟가락 개수까지도 알았다. 그런 동네에서는 아이들이 버릇없게 굴거나 나쁜 행동을 하는 것을 보면 어른들이 자기 자식 남의 자식 가리지 않고 야단을 쳤

공생의 기술

다. "네 부모님이 지금 네가 뭘 하는지 아시냐?"라며 나무라곤 했다. 이것은 비난이 아니라 관심과 보살핌의 표현이다. 그런 환경에서는 어지간한 망나니가 아니고서는 나쁜 짓 하기가 쉽지 않다.

한국만 그런 것이 아니다. 미국에는 '아이는 온 동네가 키운다'라는 속담이 있다. '병은 소문을 내야 낫는다'라는 말도 같은 맥락이다. 그런데 이 속담이 통하려면 서로에게 마음을 쓰는 공동체 속에 살아야 한다. 그런 공동체가 아니라면 병은 감추어야 할 사적인 영역으로, 소문나면 알게 모르게 차별을 받을지도 모른다.

현재 많은 지역 공동체는 서로에게 관심을 기울이고 마음을 쓰는 곳이라기보다는 소득 수준과 출퇴근 거리가 비슷한 사람들이 모여 사는 곳에 가깝다. 서로에게 마음을 쓰고 서로를 보살피지 않는 공동체는 정신이 빠져나간 몸이나 마찬가지이다.

공동체를 더 안전하고 건강하고 지속 가능하게 만드는 가장 큰 힘, 그것은 바로 서로에 대한 관심이고, 서로의 마음 사이에 흐르는 인정人情이다. 작게는 한 마을에서부터 크게는 인류 사회 전체, 더 나아가 모든 생명체를 포함하는 지구 생태계 전체에도 똑같이 적용된다. 우리가 그 마음을 키우고 확장했을 때, 그 마음이 세계를 조화롭고 지속 가능하게 만든다.

사람과 사람이 공간적인 거리에 상관없이 인정을 통해 연결될 수 있는 물리적인 조건은 이미 지구에 만들어져 있다. 많은 사람이 소셜 미디어를 통해 자신의 생활 모습을 다른 사람들과 공유하면서 이제 우리는 자신과 다른 사고방식이나 생활 방식이 다양하게 존재한다는 것에 익숙해졌다. 정서적으로 가깝게 느끼는 사람들과 공간적인 거리에 구애받지 않고 교류할 수 있게 되었다.

이러한 교류를 통해 지리적으로 제한된 공간이 중요한 요소였던 전통적인 공동체의 의미에도 큰 변화가 일어나고 있다. 전통적인 지역 공동체 외에 지리적 한계를 갖지 않는 다른 차원의 공동체가 새로 생겨나고 있다. 현재 세계를 연결하는 통신망과 소셜 미디어들은 정보와 정서가 함께 흐르는 총체적인 커뮤니티를 가능하게 하는 놀라운 기술력을 가지고 있다. 지난 2년간 팬데믹을 경험하면서 나는 그 가능성을 분명하게 보았다. 수많은 사람이 비슷한 경험을 했을 것이다. 핵심은 기술이나 인프라가 아니라 사람들의 '마음'이다. 지구의 다른 곳에서 일어나는 일들을 남의 일로 여기지 않고 관심을 기울이며 돕고자 하는 홍익弘益의 마음, 그것이 지구를 진정한 하나의 공동체, 지구촌으로 만든다.

3

공생으로 이끄는
내면의 안내자

인류의 미래를 바꾸고 세상을 살리는 것이 우리 마음먹기에 달려 있다고 하면 당신은 그 말을 받아들이겠는가? 너무 단순하게 생각하는 것 아니냐고 반문하고 싶은가? 그런데 사실이 그렇다. 모든 변화가 시작되는 곳도, 우리가 안고 있는 모든 문제에 관한 답을 얻을 수 있는 곳도 바로 우리 마음이다.

아직 우리는 마음이 무엇인지, 어디에 어떤 식으로 존재하는지에 관해 모두가 동의할 만큼 명쾌하게 설명하지 못한다. 심리학이나 뇌 과학에서는 대부분 마음을 객관적으로 존재하는 실체가 아닌 뇌의 작용 혹은 뇌의 활동이 만들어내는 '현상'이라고 본다. 반면 영적인 전통에서는 마음이 근원적인 실체이고, 세상의 모든 일이 그 안에서 일어나는 일종의 환영 같은 것이라고 가르치기도 한다. 어느 입장이든 한 가지 분명한 사실은 우리가 뇌의 작용을 통해 마음을 인지하고 경험한다는 것이다. 뇌는 어느 방향으로든 우리가 마음을 더 깊이 연구하고 성찰할 수 있는 중요한 출발점이다.

나는 일찍부터 뇌에 관심이 많았다. 뇌의 기능에 관한 호기심 때문이 아니라, 그 기능이 내 의도대로 잘 작동하지 않아서였다. 청소년 시절, 나는 집중력 장애가 심했다. 수업 시간에 책을 제대로 읽지 못할 만큼 어려움을 겪었다. 잠시만 책을 들여다봐도 글자들이 마치 살아 있는 것처럼 제멋대로 움직여 머릿속이 어지러웠고, 점점 꼬리에 꼬리를 무는 생각 속으로 빠져들어 갔다. 그때는 내가 친구들만큼 성실하지 않거나 의지가 약해서라고 생각하며 자책했다. 나중에 뇌에 대해 더 깊이 이해한 후에야 좀처럼 집중하지 못했던 이유가 당시 내 뇌의 상태 때문이었음을 알게 되었다.

청소년 시절의 집중력 장애 덕분에 나는 스스로를 성찰하고 조절하는 데 많은 관심과 노력을 기울일 수 있었다. 그 과정에서 명상, 무술, 기공 등 다양한 심신 수련법도 접하게 되었다. 나 자신을 탐구하고 단련하면서 얻은 큰 발견 중 하나는 '뇌의 잠재력과 창조성', 인간의 뇌에는 우리가 알고 사용하는 것보다 훨씬 더 크고 무한한 능력이 있다는 자각이었다. 나는 뇌의 잠재력을 일깨우고 활용함으로써 개인의 삶의 질을 높일 수 있을 뿐 아니라, 더 평화롭고 지속 가능한 인류의 미래를 창조하는 데에도 기여할 수 있겠다고 확신했다. 이제 뇌를 개발하고 활용하는 것은 자신의 가치를 실현하고자 하는 사람이라면 누구나 배우고 익혀야 할 기본적인 삶의 기술이 되어야 한다고 생각했다. 그래서 오랜 연구 끝에 뇌를 개발하고 활용할 수 있는 뇌교육의 체계를 만들어 학문화했고, 이를 전하는 데 내 삶의 대부분을 바쳤다.

뇌교육에서 말하는 뇌는 분명 우리 머릿속에 들어 있는 해부학적인 신체 기관으로서의 뇌이다. 하지만 뇌교육에서 구체적으로 가르치고 개발하는 것은 기관으로서의 뇌가 아니라 뇌 안에서 이루어지는 작용, 마음이다. 당신이 마음을 존재의 근본이자 근원적인 실체라고 믿든, 뇌 활동의 정점에서 일어나는 현상이라고 여기든 상관없다. 마음 자체는 볼 수도 만질 수도 없다. 하지만 우리는 뇌를 통해, 뇌와 연결된 몸을 통해 마음에 닿을 수 있고, 느낄 수 있고, 영향을 미칠 수도 있다. 호흡, 명상, 춤, 기공, 무술 같은 수행법이나 산책, 달리기, 골프 등의 다양한 활동을 통해 마음을 만나고, 마음을 느끼고, 마음에 영향을 미칠 수 있다. 언젠가 뇌교육이 무엇인지 아주 간단하게 말해 달라는 요청을 받은 적이 있다. 그때 나는 이렇게 답했다. "뇌교육은 마음을 쓰는 법입니다."

세상에서 가장 강력한 약

"이 세상에서 가장 강력한 약은 뭘까요?" 워크숍에서 이 질문을 던지면 웃음, 사랑, 음식 등 여러 대답이 나온다. 모두 이유가 있는 답들이다. 그런데 이보다 훨씬 더 강력한 약이 있다. 그 약은 무엇일까? 답은 신약이 개발되어 세상에 나오기까지의 과정을 잠시 살펴본 후에 알려주겠다.

제약회사에서 신약을 개발하는 데 보통 10년 넘게 걸린다. 이 과정에서 대개 3단계의 테스트를 거친다. 1단계는 소규모 피험자 그룹을 대상으로 하는 안전도 테스트이다. 2~3단계는 훨씬 큰 규모의 통제 그룹과 실험 그룹 간의 비교와 효력 테스트이다. 이 모든 테스트를 통과해야 식약청 인가 후 제품을 생산하여 판매할 수 있다. 시제품이 모든 테스트를 통과해서 상품화될 확률은 10%가 채 되지 않는다. 10개 중 9개는 중간에서 낙오한다.

2~3단계에서 가장 힘든 테스트가 플라세보(가짜 약)와 비교하는 실험이다. 사실은 아무런 약효가 없는데 환자에게 정말 좋은 약이라고 건넨 뒤, 진짜 약을 먹은 그룹과 비교 테스트를 한다. 그런데 많은 시

제품이 이 테스트에서 가짜 약보다 더 효과가 있음을 입증하지 못해 좌초하고 만다. 오랜 기간 엄청난 자금을 투자해서 개발한 약이 설탕 바른 밀가루 덩어리보다 효과를 못 내서 실패한다면 정말 실망스러울 것이다.

일반적으로 개발하는 모든 약은 특정한 증상을 목표로 삼는다. 그 증상에 대응하도록 맞춤 제작된 것이다. 하지만 가짜 약은 특정한 목표 증상이 없다. 어떤 증상을 치료하기 위해 개발한 약이든 플라세보와 비교 테스트를 한다. 물론 그중 일부는 가짜 약보다 효과가 크다는 것을 보여주지만 그보다 훨씬 많은 수가 테스트에서 실패한다.

한쪽에는 세상에 존재하는 모든 약들이 있고, 다른 쪽에는 플라세보 단 하나가 있다. 그런데 그 약들 중 대다수가 테스트에서 실패한다. 이 약들은 오직 한두 가지 증상에만 작용하는데 플라세보는 모든 증상에 작용한다. 플라세보가 세상에서 가장 강력한 약이라고 해도 통계적으로 틀린 말이 아니다. 플라세보 효과를 만든 것은 가짜 약 자체가 아니라 그것을 진짜 약으로 믿는 우리 마음이다. 그렇다면 세상에서 가장 강력한 약이 무엇인가? 바로 당신 마음이다.

플라세보 효과는 단지 약에서만 발휘되는 특수한 효과가 아니다. 그것은 우리 마음이 관여하는 다른 모든 것에서도 작용한다. 우리가 매일 접하는 정보, 우리가 하는 모든 선택과 행동 뒤에서 작용하고 있다.

교사가 학생이 잘할 것이라는 긍정적인 기대를 하는 경우와 그렇지 않은 경우 학생들의 학업 성취도를 비교한 실험에서도 확인할 수 있다. 실험 결과는 긍정적인 기대를 받은 학생들이 실제로 더 높은 성취를 보이는 것으로 나타났다. 물론 여기에는 눈에 띄지 않는 여러 요소가 작용했을 수 있다. 예를 들면, 긍정적인 기대를 하는 대상 학생과 그렇지 않은 학생을 대하는 교사의 눈빛과 표정, 말투에 분명 차이가 있었을 것이다. 학생들에게 할애하는 교사의 관심 정도와 시간이 다를 수도 있다. 하지만 가장 중요한 요소는 학생을 향한 교사의 기대 그 자체였다. 이는 본질적으로 플라세보에 대한 기대와 다르지 않다.

우리는 마음의 힘이 작용하는 범위가 어디까지인지, 얼마나 큰 영향을 미치는지 아직 알지 못한다. 실생활에서는 매우 다양한 변수들 때문에 플라세보처럼 실험해서 객관적인 데이터를 얻기 어렵다. 하지만 플라세보와 학생에 대한 긍정적 기대가 갖는 효과 뒤에 작용하는 것이 '마음의 힘'이라는 것은 분명하다. 마음의 힘은 우리가 자신의 삶을 바꾸고 세상을 바꿀 수 있는 가장 강력한 도구이다.

마음이 가진 세 가지 보물

사람의 마음에는 놀라운 창조력이 있다. 플라세보는 그 힘의 작용을 보여주는 아주 제한된 사례에 지나지 않는다. 우리가 마음의 힘을 어떻게 사용하는지에 따라 자신과 다른 사람에게 도움을 줄 수도 있고, 자신과 다른 사람을 파괴할 수도 있다. 다행히 우리 내면에는 마음의 힘을 좋은 방향으로 잘 쓸 수 있게 도와주는 안내자들이 있다. 바로 공감 능력과 양심, 성찰의 힘이다. 마음이 가진 이 세 가지 특성은 우리가 에고의 한계를 넘어 공생으로 갈 수 있도록 길을 안내한다.

공감 능력_ 타인의 고통을 함께 느끼기

우리는 다른 사람이 느끼는 기쁨, 즐거움 같은 긍정적인 감정이나 슬픔, 고통스러움 같은 부정적인 감정에 공명하여 그렇게 느낄 수 있다. 이처럼 상대방의 감정과 생각, 입장에 자신도 그렇다고 느끼는 것을 공감共感이라 한다.

　길을 걷다 누군가가 장애물에 세게 부딪히거나 빙판에 미끄러져

엉덩방아를 찧는 모습을 보면 어떤가? 마치 내가 부딪히고 넘어진 것처럼 몸을 움찔하거나 고통스러운 듯 얼굴을 찌푸리게 된다. 이 주제에 관한 여러 연구에서 과학자들은 같은 결론에 이른다. 스스로가 통증을 느낄 때 활성화하는 뇌의 영역과 타인이 통증을 경험하는 것을 바라볼 때 활성화하는 뇌의 영역이 같다는 것이다. 과학자들은 이를 우리 뇌에 있는 거울신경(mirror neuron)의 작용이라 말한다. 그리고 거울신경이 공감 능력의 신경학적 기반일 것으로 추측한다.

정말로 거울신경이 공감 능력의 근거인지는 아직 밝혀지지 않았다. 공감 능력이 과연 인간에게만 나타나는 특성인지도 분명하지 않다. 그렇더라도 지금까지의 연구 결과들은 뇌가 관찰하는 타인의 감정과 감각을 자신의 것처럼 공감할 수 있도록 디자인되어 있다는 점을 확인시켜준다. 공감 능력은 학습을 통해 더 향상되고 개발될 수 있지만 원래 우리 뇌에 내재해 있는 특성이라 할 수 있다.

연구에 따르면 다른 동물이나 심지어 뇌와 같은 형태의 신경망이 없는 식물도 공감 반응과 유사한 행동을 보이는 것으로 알려져 있다. 예를 들면, 떼 지어 사냥하던 사자 무리에서 암사자 한 마리가 갑자기 자기 앞에 나타난 새끼 임팔라를 공격하기보다 다른 사자의 공격으로부터 보호하는 모습이 관찰되었다. 원숭이가 사슴에게 소리로 신호를 보내 가까이 다가오는 표범을 피할 수 있도록 알려주는 모습이 관찰되기도 했다. 동물뿐만 아니라 식물도 공감 반응을 보인다고 한다.

공감 능력은 어떤 의미에서는 능력이라기보다 모든 생명체가 지닌 기본적인 생명 감각에 가까운 듯하다. 모든 생명체가 서로의 느낌을 공감할 수 있는 능력을 기본 감각으로 지니고 있다는 것은 큰 희망이다. 인류 사회 내에서만이 아니라 지구상에 존재하는 모든 생명계를 아울러 공생을 실현할 수 있는 잠재력이 이미 갖추어져 있음을 의미하기 때문이다.

그렇지만 공감 능력의 폭과 취할 수 있는 행동 범위에서는 인간이 다른 동식물과 비할 바가 아니다. 동식물들이 대양을 가로질러 반대편 대륙에 사는 다른 동식물의 상태를 느끼고 도움을 줄 것이라 기대하기는 어렵다. 이와는 달리 인간은 공감 능력을 가까이 있는 사람만이 아니라 모든 생명, 모든 존재로 확대할 힘을 가지고 있다. 이 힘이 우리를 보다 지속 가능한 방향으로 행동할 수 있게 만든다.

많은 음료수 가게에서 플라스틱 빨대를 사용하지 않는 것도 사실은 이러한 공감 능력 때문이다. 몇 년 전, 미국 텍사스 A&M대학 해양 생물 연구팀이 코스타리카 연안에서 숨 쉬는 것을 힘들어하는 바다거북 한 마리를 발견했다. 바다거북의 콧구멍에 뭔가 박힌 것을 보고, 그것을 빼내는 과정을 영상으로 촬영해 유튜브에 올렸다. 바다거북의 코에서는 피가 흐르고, 벌어진 입에서는 연신 고통스러운 신음이 새어 나왔다. 빼서 보니 그것은 우리가 음료수를 마실 때 늘 사용하는 플라스틱 빨대였다. 버려진 빨대가 바다로 흘러 들어가 바다거북의 콧구멍에 박힌 것이다. 이 영상은 단시간에 1억 명이 넘는 사람들이 시청했고, 전 세계적으로 음식점에서 플라스틱 빨대 사용을 금하는 캠페인이 일어나는 계기가 되었다.

공생의 기술

플라스틱이 환경에 해롭고, 우리가 버린 쓰레기가 해양 생태계에 영향을 준다는 사실을 우리는 오래전부터 알고 있었다. 그러나 피를 흘리며 고통스러워하는 바다거북과 거북이 코에 박힌 빨대를 빼내기 위해 애쓰는 사람들의 모습은 차원이 다른 감정과 생각을 불러일으킨다.

지적인 이해는 곧바로 행동으로 이어지지 않는다. 그러나 느끼면 달라진다. 물이 중요하고 필요하다고 생각해도 목에서 갈증이 느껴지지 않으면 자리에서 벌떡 일어나 물이 있는 곳으로 가지 않는다. 지식이 아닌 몸으로 전달되는 느낌이 사람들의 선택과 행동을 끌어낸다. 이것이 지적인 이해와 정서적 공감의 차이이다. 이 바다거북 이야기는 공감 능력이 얼마나 큰 힘을 발휘하는지 여실히 보여준다.

이렇듯 타인의 고통을 보는 것만으로도 자신의 고통인 것처럼 느끼는 공감 능력이 있기에 어려운 사람을 보면 내 일처럼 여기며 도움을 주려는 마음이 자연스럽게 생긴다. 옆 사람이 넘어지려고 하면 저절로 손을 뻗게 되고, 상처로 고통스러워하는 동물이 있으면 다가가 살펴보게 된다. 개인적인 연고가 없는데도 자연재해로 고통받는 지역에 달려가 자원봉사를 하기도 한다. 타인, 동식물, 산, 강, 바다, 하늘을 자신처럼 느끼면 존중하고 아끼는 마음이 생기고 보호하고 치유하는 행동을 하게 된다. 이러한 놀라운 공감 능력이 누구에게나 있다.

공감 능력이 더 깊어지면 자비심慈悲心으로 나타난다. 자비심은 동정심과 다르다. 동정심은 내 처지가 다른 사람보다 낫다는 비교 의식에 뿌리를 두지만, 자비심은 다른 사람의 고통이 내 고통과 다르지 않다는 동질감과 공감에 뿌리를 두고 있다. 아픔을 공감하기에 배려와 사랑의 마음을 나누며 아픔을 어루만지는 것이다. 행복할 때는 누가 내 행복을 알아주지 않아도 크게 개의치 않는다. 하지만 슬픔이나 고통은 다르다. 내가 힘들고 고통스러울 때 누군가 곁에 있어주는 것만으로도, 그저 내 이야기를 들어주는 것만으로도 위안이 될 때가 많다. 공감이 절실하게 필요한 순간은 슬프고, 힘들고, 절망스럽고, 고통스러울 때이다. 공감하는 것은 자비심의 시작이다.

다른 사람이 당신 마음을 알아주면 어떤 느낌이 드는가? 다른 사람이 내 말에 귀 기울여주고, 내 마음을 알아준다고 느껴본 경험은 비록 단 한 번일지라도 깊은 흔적을 남긴다. 상대방이 눈에 보이는 무언가를 해준 것도 아닌데 왠지 삶의 고통을 참을 만하고 그래서 살 만하다고 느낀다. 이것이 공감 능력의 힘이고 자비심의 힘이다. 그 힘이 우리 마음을 연결해주고, 위로와 힘을 주며, 상처를 치유해준다.

양심_ 진실을 향한 의지

공감에서 오는 자비심과 함께 우리 안에는 '양심'이라는 것도 있다. 진실을 선택하면 개인적 불이익이나 손해를 보는데도 왜 어떤 사람은 진실한 쪽에 서는 것일까? 양심의 소리를 따르지 않으면 더 불편하고 고통스럽기 때문이다. 양심은 인간의 기본 속성처럼 보이는 이기적 태도나 자기중심적 사고로는 도무지 설명할 수가 없다.

공생의 기술

그런데 놀라운 것은 양심이 본능과 마찬가지로 우리 안에 내재해 있는 본성이라는 사실이다. 혈통이나 교육 수준, 생활환경과 관계없이 모두가 지니고 있다. 양심은 도덕이나 윤리와 다르다. 도덕과 윤리는 상대적이며 사회와 문화, 역사적 상황에 따라 달라진다. 그러나 양심은 절대적이며 상황에 휘둘리지 않는다.

양심은 대단한 노력이나 수행을 통해 얻는 것이 아니다. 그냥 주어진 것이다. 양심은 진실을 비추는 거울이고, 진실을 향한 의지이며, 조건이나 상황에 상관없이 바르게 행동하려는 의지이다. 내 안에 원래부터 있었던 순수함, 밝은 빛이다. 우리가 양심의 소리를 무시할 수 있을지 몰라도 양심의 존재 자체를 부정할 수는 없다. 양심은 인간의 본성에 뿌리를 내리고 있기 때문이다.

양심의 목소리는 단순하고 직설적이다. 양심을 따르는 데는 많은 논리나 설명이 필요치 않다. 복잡한 논리나 장황한 설명은 양심을 따르지 않는 선택을 정당화하고 합리화할 때 필요하다.

양심이 있기에 우리는 모두 위대한 존재가 될 수 있는 가능성이 있다. 부인할 수 없는 양심이 있기에 개인적으로는 손실일지라도 진실한 쪽을 선택할 수 있다. 에고의 눈에는 비합리적이고 비이성적으로 보이는 이타적이고 창조적인 위대한 행동을 용감하고 대담하게 선택할 수 있다. 에고는 똑똑하지 못해서가 아니라 자신만을 생각하기 때문에 최선을 선택하지 못한다.

양심은 모든 인간에게 내재해 있기에 양심이 있다는 것 자체가 우리를 특별히 위대하게 만들지는 않는다. 위대함은 양심의 존재를 인정하고 양심을 따르는 선택을 하느냐의 여부로 결정된다. 절대적인 진실함과 그 진실함의 표현인 양심은 우리 모두의 내면에 있다. 이를 인정하는 것은 '지혜'요, 삶 속에서 실천하는 것은 '덕德'이다.

성찰의 힘_ '나는 누구인가' 묻는 마음

우리가 양심과 자비심의 신호를 감지하고 그 소리에 귀 기울일 수 있는 것은 마음이 가진 성찰의 힘, 혹은 자각력自覺力 덕분이다. 이는 마음의 본래 능력으로, 이완된 집중 상태에서 생각이나 감정이 비워졌을 때 잘 발휘되는 능력이다.

지금 당신 마음을 지나가는 생각이나 느낌은 무엇인가? 옆에 종이와 펜이 있으면 적어보는 것도 좋다. 이 질문을 받고 내면을 관찰했을 때 무엇을 알아차렸는가? 평소에는 원하지 않아도 늘 머릿속이 온갖 생각들로 가득한데, 막상 관찰하려니 이상하게 적을 것이 생각나지 않을 수도 있다.

관찰하는 의식은 생각을 침묵시키는 힘을 지니고 있다. 억지로 뭔가를 생각하려고 하지 않았다면 '지금 내 안의 생각이나 느낌은 뭐지' 하면서 바라보자. 그때, 당신은 문득 텅 비어 있는 의식의 공간을 만날 것이다. 물론 생각을 찾느라 이 비어 있음에 주목하지 않을지도 모른다.

우리는 마음의 존재를 생각이나 감정을 통해 경험한다. 유리 벽을 설치할 때 혹 유리가 있는지 모르고 사람들이 와서 부딪칠까 봐 '유리 주의'라고 써둔다. 유리가 너무 맑으면 유리만으로는 그 존재를 알아차리지 못하기에 경고문으로 유리의 존재를 알린다. 우리 마음 또한 그렇다. 거의 언제나 생각이나 감정을 통해 마음을 인지하고 경험하다 보니 생각과 감정이 곧 마음이라고 착각한다.

하지만 깨어 있는 의식으로 관찰하면 생각과 감정은 아침 햇살에 안개가 걷히듯 사라져버린다. 생각과 감정이 모두 사라진 자리에 무엇이 남는가? 만져지지도 않고, 형체도 냄새도 없고, 경계가 없이 그다지 작다 할 수도 없고, 시작도 끝도 알 수 없는 것, 심지어 있다거나 없다고 말할 수 없는 어떤 것이 남는다. 그것이 마음, 순수한 의식이다.

이처럼 투명하고 열린 마음은 자신의 관념이나 욕구, 감정에 왜곡되지 않은 사물의 본질, 참모습을 보여준다. 우리가 '나'라는 존재를 의식하고 자신의 존재 자체에 의문을 품는 것도 마음이 가진 성찰 능력 때문이다. 성찰은 '내가 누구인지, 어디에서 왔는지' 궁금하게 만들고, 질문하게 하고, 삶을 통해 끊임없이 답을 구하게 한다.

인류 역사에 나타났던 많은 영적인 스승들처럼 성찰의 힘이 큰 깨달음에 이르게 할 수도 있다. 그렇지 않더라도 우리는 성찰을 통해 일상에서 크고 작은 자각과 통찰을 얻는다. 이 능력으로 우리는 내면의 생각과 외면의 행동을 관찰하고, 관찰로 얻은 자각을 스스로 피드백하며 생각과 행동의 변화를 만들어낸다.

· · ·

뇌는 우리 몸의 여러 기관 중 변화가 가장 많이 일어나는 기관이다. 내 순간 생각, 감정, 감각, 경험을 통해 뇌신경들 사이에 새로운 연결이 생겨난다. 또한 기존의 연결이 강화되기도 하고, 약해져서 사라지기도 한다. 추측건대 우리 뇌 속에 있는 공감 능력, 양심, 성찰의 힘도 이와 다르지 않을 것이다. 뇌의 다른 능력들처럼 이 능력도 사용하면 할수록 커지고 사용하지 않으면 약해지고 퇴화한다.

공감 능력은 우리 인간을 포함한 모든 생명과 조화를 이루며 살도록 안내한다. 우리가 할 일은 이 귀한 능력을 적극적으로 활용하여 더 키우는 것이다. 만약 제대로 사용하지 않아서 뇌에 있는 공감 회로가 약해졌다면 다시 되살리면 된다.

공감 능력, 양심, 성찰의 힘은 공생하는 삶을 위한 나침반과 같다. 항상 깨어 있는 의식으로 자기 내면과 바깥을 살피며, 이해득실을 떠나 진실하고자 하고, 고통받는 사람과 다른 생명의 아픔을 덜어주고자 하는 아름답고 거룩한 마음이 어떤 상황에서도 바른 선택을 할 수 있도록 이끌어준다. 이 세 가지가 합쳐질 때, 모두를 이롭게 하는 현명한 선택을 할 수 있고, 그러한 선택이 모두를 살리는 공생으로 이끈다. 마음이 가진 이 세 가지 힘이 있기에 우리는 더 나은 미래를 꿈꾸며 희망을 품을 수 있다.

공생의 기술

명상, 마음을 찾아가는 길

마음의 세 가지 보물인 공감, 양심, 성찰은 내면의 안내자들로 이들의 뿌리이자 실체인 마음 그 자체로 우리를 이끈다. 공감에 집중해서 자비를 실천할 수도 있고, 양심을 좇아 진실을 추구할 수도 있고, 성찰을 통해 깨달음을 구할 수도 있다. 그러나 이 세 가지가 궁극적으로 도달하는 목적지는 마음 그 자체이다. 이 중 어느 것에 집중하느냐에 따라 기도, 명상, 봉사, 공부 등 다양한 수행법이 있다. 여러 수행법 중에서도 내면의 목소리에 귀 기울이고 마음을 찾아가는 가장 단순하면서도 직접적이고 보편적인 방법이 명상이다.

명상을 한다는 것은 무엇을 더하는 것이 아니라 작위적으로 하던 모든 것들을 내려놓고, 원래의 자연스러운 상태로 돌아가는 것이다. 어떤 의도적인 행동을 하지 않아도 심장은 여전히 뛰고 호흡은 이어진다. 감각기관이 열려 바람결에 흔들리는 나뭇잎도 보이고, 바람이 피부를 스치는 것도 느껴진다. 바람에 실려 온 꽃향기를 감지할 수도 있다. 어떤 생각이 떠오르거나 감정이 느껴질 수도 있다. 모두 당신이 의도하지 않아도 일어날 수 있는 일들이다.

명상을 한다는 것은 우리 마음에서 일어나는 이 모든 것들을 깨어 있는 의식으로 지켜볼 뿐 어떤 것에 집착하거나 따라가지 않는 것이다. 마음속에서 일어난 생각이나 감정을 변화시키거나 없애려 하지 않고, 그것을 좋다 싫다 평가하지 않고 있는 그대로 지켜보면 생가이나 감정이 차츰 잦아든다.

이렇게 생각과 감정이 잦아들면, 생각과 생각 사이의 공백이 점점 커져 생각이 아닌 생각의 배경이 되는 의식을 점점 더 분명히 인지할 수 있다. 마음이 마음을 들여다보는 것이다. 생각이 줄어들고 의식이 명료해지면 어느 순간 인식 대상으로서의 의식과 인식하는 주체로서의 의식 사이에 구분이 사라지고 오직 하나의 의식만 남는다. '관찰하는 나'와 '관찰 대상으로서의 나'가 완전히 하나가 된다. 그때 나와 남, 내부와 외부, 인간과 자연을 나누는 모든 구분과 경계가 사라진다. 그리고 그러한 구분이 원래 존재하지 않는다는 것을 알게 된다.

이때 경험하는 의식은 본질적으로 하나이고 나누려 해도 나눌 수 없다. 주관적인 나와 근원적인 실체 사이의 경계가 사라지는 것이다. 나는 이를 '영점 의식, 관찰자 의식'이라 부른다. 관찰자가 된다는 것은 이 근원의 의식과 하나가 되는 것을 의미한다. 밝고 순수한 관찰의 힘 앞에 모든 거짓과 분리의 환상이 사라지고 실체가 드러난다.

명상으로 각자의 마음을 들여다보고 성찰하는 것은 매우 개인적인 활동이면서 동시에 모두를 하나로 이어주는 공통의 뿌리를 찾아가는 것이기도 하다. 역설적으로 각자의 내면으로 깊이 들어갈수록 우리가 하나로 연결되어 있음을 더 분명히 알아차릴 수 있다. 우리의 뇌로 우리의 의식을 관찰하며 모두를 연결하고 있는 하나의 근원을 확인함으로써, 분리와 갈등을 치유하고 공생을 실현할 힘을 발견한다.

우리 내면의 거룩한 욕구

우리 안에는 분명 내면의 안내자들이 있다. 하지만 우리가 항상 그 안내를 따르는 것은 아니다. 그 내면의 안내자보다 욕구의 목소리가 더 가까이서 훨씬 자주 들리기 때문이다. 우리가 군이 내면을 깊이 들여다보지 않아도 욕구들은 소리 높여 자신을 봐달라고, 자신의 외침을 들어달라고 요구한다. 욕구의 목소리는 다양하지만 이 욕구들이 나온 근원은 하나, 우리 몸이고 몸에 뿌리를 둔 에고이다. 몸의 욕구는 너무 강력하여 우리의 눈을 가리고 귀를 막아, 남도 파괴하고 자신도 파괴하는 선택을 하기도 한다.

그런가 하면 이들과 구분되는 아주 특별하고 고귀한 욕구가 있다. 우리를 위대하게 만들어주는 씨앗, 더 큰 꿈을 갖게 하고 각자의 한계를 넘어서게 하는 이 욕구는 무엇일까?

이 욕구를 확인하는 아주 간단한 실험이 있다. 종이와 펜을 준비한 후 자신에게 물어보자. '삶을 마칠 때, 다른 사람들이 나를 어떻게 기억하기를 원하는가?' 잠시 눈을 감고 호흡을 고르며 가만히 자신의 마음을 느껴보자. 내면에서 들려오는 답이 있을 것이다. 그 답을 준비한 종이 위에 적어보자. 이때 '나'라는 1인칭 말고, '그' 혹은 '그녀'라는 3인칭을 사용해 적어보길 권한다.

자기 계발 프로그램이나 사회심리학 연구에서 이 질문을 다양한 형태로 활용해왔다. 한 가지 흥미로운 사실은 대부분이 지금 어떤 삶을 살고, 과거에 어떤 삶을 살았든 상관없이 '세상을 위해 도움을 준 사람'으로 기억되기를 원한다는 점이다.

여기서 질문이 중요하다. 나른 조건 없이 '내가 가장 원하는 것'을 물으면 '나'에게 관심이 집중되는 것을 피할 수 없다. 그런데 '삶을 마칠 때'라는 조건을 붙이면 우리의 의식을 개인적인 욕망이나 목표보다 더 깊은 욕구로 이끈다. 그곳에서 평소에 잘 인지하지 못했지만 우리 안에 항상 존재해 왔던 거룩하고 숭고한 욕구, 다른 사람과 세상에 도움이 되고 싶은 순수한 선의善意와 만난다.

우리 뇌 속에 다른 사람을 돕는 데서 기쁨과 만족을 느끼는 회로가 이미 있는 것 같다. 자기공명영상장치(fMRI)로 뇌를 관찰하면 다른 사람에게 도움을 주었을 때 행복감을 느낀다고 한다. 다른 사람을 돕는 행동은 맛있는 음식을 먹을 때나 섹스할 때 활성화하는 뇌의 부위, 즉 쾌감 회로를 활성화한다. 다른 사람을 돕는 것으로 활성화된 쾌감 회로는 음식을 먹거나 섹스할 때보다 훨씬 오래 지속된다. 맛있는 음식이나 섹스로 느끼는 쾌락은 직접적인 자극이 필요하다. 또한 과거의 기억이 결핍감을 주어 스트레스를 느낄 수도 있다. 그러나 내가 누군가에게 도움을 주었던 기억, 내가 누군가에게 의미 있는 존재였던 기억은 시간이 지나도 처음 그때처럼 기쁨과 행복을 가져다준다.

다른 사람에게 도움을 주고 세상에 유익한 일을 하고자 하는 홍익
弘益의 욕구는 식욕이나 성욕만큼 기본적인 욕구이다. 이 욕구는 식욕
이나 성욕처럼 개성이나 에고, 인격 너머에 존재한다. 이러한 메커니
즘이 뇌 속에 있다는 것은 우리가 지속적인 성장과 행복에 이를 수
있는 길을 보여준다.

누군가에게 도움을 주고자 하는 마음, 세상에 유익한 일을 하고자
하는 마음이 내면에서 올라올 때, 자기 안에서 꿈틀대는 이 거룩한 욕
구가 낯설게 느껴질 수도 있다. '에이, 내가 무슨…' 하면서 부정하거
나 회피할지도 모르겠다. 하지만 식욕이나 성욕이 당신의 인격이나
현재 삶의 조건, 지금껏 살아온 방식과 무관하게 존재하듯 홍익의 욕
구 또한 이와 무관하게 존재한다. 이를 인정하고 받아들이는 것이 변
화의 시작이다. 어떤 특별한 능력이나 기술, 이력보다 홍익의 욕구를
받아들이고 선택하는 것이 뇌의 잠재력을 깨우고 우리를 공생의 삶
으로 이끈다.

지금도 지구상에는 누군가가 어느 날 홀연히 나타나 세상을, 특히
자신을 구해줄 것이라 믿는 사람들이 많다. 구세주란 말 그대로 세상
을 구하는 사람이다. 많은 종교의 기원이 이 같은 구원자, 예언자, 메
시아의 출현과 함께 시작되었다. 흥미로운 사실은 많은 사람이 구세
주는 한 사람이거나 한 사람이어야 한다고 생각하는 것이다. 하지만
구세주는 많으면 많을수록 좋다.

한두 사람이 아니라 많은 사람이 '지구를 구하고 세상을 살리겠
다'는 의식을 갖는 것은 시대적인 요구라 생각한다. 실제로 많은 사

공생의 기술

람이 이러한 의식으로 지구를 살리는 행동을 선택하고 있다. 나는 그 러한 사람들이 1억 명 정도 나오기를 간절히 바라고 있다.

우리 마음속에 있는 홍익 하고자 하는 거룩한 욕구를 느껴보자. 내 면의 안내자들을 따라 그 욕구를 실현할 방법을 찾고, 선택하고, 행동 해보자. 이것이 우리 삶을 더 의미 있고 가치 있게, 이 지구를 더 건강 하고 살기 좋은 곳으로 만들 것이다.

4

지구를 느끼는
마음

사람들에게 지금 가슴의 느낌이 어떠하냐고 물으면 대부분은 자기 가슴 위에 손을 얹는다. 우리는 보통 감각을 통해서 느낌에 다가가려 한다. 몸의 다른 부위나 다른 사물들을 대할 때도 마찬가지이다. 어떤 자극이 단순히 감각 차원이 아니라 마음에까지 닿아 정서적인 반응이 일어날 때, '느낀다'라고 표현한다. 우리는 삼사이나 생사을 통해 느낌에 도달할 수 있지만, 감각이나 생각 자체가 느낌은 아니다. 대신 우리가 생생하게 느끼고 그 느낌을 구체화하는 데 도움을 준다.

느낌은 감각보다 더 깊고, 생각보다 더 풍부하며, 지식보다 더 완전하다. 그래서 아주 중요한 결정을 내리는 순간, 우리는 감각이나 생각보다 느낌에 묻는다. 느낌은 지혜가 필요한 순간에 길잡이가 되어주고, 우리의 경험을 완전하게 해준다. 느낌을 통해 경험이 온전히 내 일부가 되기에 일상적인 활동이든 일이든 인간관계든 느낌 없이 무언가를 체험했다고 말하기는 어렵다. 또한 느낌은 행동에 동기를 부여한다. 물이 몸에 얼마나 좋은지에 관한 지식이나 생각이 아니라 목마름이 물을 마시게 하는 것처럼 말이다.

우리는 느끼기 위해 감각에 의존하지만 감각을 통해 느끼기 어려운 대상들이 있다. 너무 가깝거나 너무 큰 것들이 그렇다. 지구처럼 말이다. 우리에게 지구는 구체적인 사물이라기보다 추상적인 개념에 가깝다. 그렇기에 지구를 의제나 정책, 슬로건 등을 통해 만난다.

글로벌 이슈, 지구

2015년 12월, 파리에서는 UN 주최로 역사적인 기후변화 국제회의가 열렸다. 이 회의에서 195개국의 동의를 얻어 2020년부터 발효할 협약을 채택했다. 이 협약에 따라 참가국들은 국가별로 목표를 정하고, 목표를 달성하겠다는 서약서를 제출했다. 이전까지 UN이 제시한 지구의 평균온도 목표는 2009년 코펜하겐에서 제안한 대로 섭씨 2.0도 이상 올라가지 않게 하는 것이었다. 많은 전문가가 이 정도로는 충분하지 않다고 판단해 파리 기후변화 국제회의에서는 목표를 더 강화해 1.5도 범위 이내로 유지하는 것으로 정했다.

그런데 파국을 막기 위한 마지막 희망으로 여겼던 파리 기후변화 국제회의의 합의는 초강대국들의 비협조로 의미 없는 종잇조각이 되고 말았다. 어렵게 채택한 국제 합의를 정치적 리더십과 이해관계의 변화에 따라 쉽게 파기할 수 있다는 사실이 놀랍다. 더 놀라운 것은 이러한 상황을 사람들 대부분이 심각하게 받아들이지 않는다는 점이다.

지구라는 거대한 시스템에서 일어나는 변화는 매우 크고 느리기

공생의 기술

때문에 1분 1초를 다투는 우리의 감각으로는 체감하기 어려울 수 있다. 하지만 이 거대한 시스템은 그 크기와 관성 때문에 한 번 변화가 시작되면 지구 자체의 자정작용으로 새로운 균형 상태에 도달하기 전에는 방향을 바꾸는 것이 불가능에 가깝다.

소형차는 불과 20~30미터의 짧은 거리에서도 정차할 수 있지만, 기차는 1~2킬로를 가야 정차할 수 있다. 큰 화물선이라면 그보다 몇 십 배의 거리를 더 가야 한다. 대양이나 대기와 같은 서대한 시스템이 방향을 바꾸는 데 시간이 얼마나 걸릴지 우리는 정확히 알지 못한다. 돌이킬 수 없는 시점이 20~30년 후일 수도 있고, 그보다 짧을 수도 있다. 이미 지났을 수도 있다. 그런데도 아직 변화는 더디고 국제적 협력은 무역 갈등과 패권 경쟁으로 지리멸렬하기만 하다. 기후변화 위기에 가장 적극적으로 대처하던 유럽마저도 팬데믹과 우크라이나 전쟁으로 에너지 위기에 봉착하자 석탄 사용량을 오히려 늘리고 있다.

위기를 예고하는 수많은 데이터와 예측, 보고서에도 불구하고 문제를 바라보는 우리의 인식이나 반응은 놀라울 정도로 무디다. 아직 위기를 체감하지 못해 우리에게 시간적인 여유가 있다고 생각하는지도 모르겠다. 혹은 개인이 걱정하기에는 문제가 너무 크기 때문에 이 문제를 해결해줄 능력 있는 누군가를 막연히 기다리는지도 모르겠다.

우리들 각자의 의식과 가치 기준, 생활 방식을 성찰하고 변화하려는 노력 없이 '누군가'가 지속 가능성의 문제를 해결해줄 것이라 기대하는 것은 무책임한 생각이다. 이러한 생각의 배경에는 나와 자연이 분리되어 있다는 사고가 존재한다. 또한 거대한 지구 환경의 변화에 개인이 할 수 있는 일은 별로 없고, 세상을 움직이는 큰 시스템은 내 선택과 상관없이 돌아간다는 고정관념이 있다.

내가 자연이다

눈을 감고 자연의 모습을 상상해보자. 어떤 이미지가 떠오르는가? 대개는 푸른 산, 맑은 물이 흐르는 계곡, 고운 모래가 깔린 해변 등을 떠올릴 것이다. 누군가는 천둥 번개나 몰아치는 비바람, 집채만 한 파도를 상상할 것이다. 모두 자연에서 볼 수 있는 모습이기는 하지만, 이러한 이미지들은 자연에 대한 우리의 제한된 인식을 보여준다.

우리가 놓치고 있는 중요한 사실이 있다. 우리 자신도 자연이라는 것이다. 내가 들이쉬고 내쉬는 숨, 내 배 속에 있는 장내 미생물들, 심장박동으로 혈관을 흐르는 피가 모두 자연이다. '나'라는 생명 자체가 자연의 일부이다.

내 안의 자연은 내가 통제하지 않아도 자신의 리듬을 가지고 쉼 없이 활동하고 있다. 내 안에 있는 자연의 도움으로 체온을 유지하고, 상처가 나도 시간이 지나면 낫고, 독감에 걸려도 회복할 수 있다. 우리는 인위적인 것들에 너무 익숙해지면서 내가 자연이라는 사실을 잊고 내 안에 존재하는 자연의 리듬과도 단절되었다. 그 결과로 스트레스 지수는 높아지고, 자연치유력은 약해지고, 외부 정보와 시스템에 대한 의존도는 점점 높아졌다.

지속 가능한 삶은 멀리 있는 것이 아니라 내 안에 있는 자연을 회복하는 것에서 시작된다. 내 안의 자연이 회복될 때 생명이 가진 조화와 균형의 감각이 되살아나 내 몸과 마음의 건강을 더 잘 보살필 수 있다. 그런 상태에서 다른 사람이나 다른 대상의 아픔을 내 아픔처럼 느낄 수 있는 공감 능력이 살아난다. 그 대상은 가까이 있는 가족이나 동료일 수도 있고, 동식물일 수도 있고, 더 나아가 지구 자체일 수도 있다. 자신의 생명 리듬과 단절되어 스트레스로 가득 찬 상태에서는 다른 사람의 아픔이나 고통을 느끼고 헤아릴 겨를이 없다. 알게 되었다 해도 도움을 주기는 힘들다.

기후변화에 관한 통계자료가 우리에게 문제의 심각성을 느끼게 해줄 수 있다. 탄소 배출을 줄이도록 강제하는 새로운 규제도 만들어야 한다. 하지만 그에 못지않게 중요한 일이 내 안의 자연을 회복하는 것이다. 내 안에 회복된 자연이 나에게도 이롭고, 다른 사람에게도 이롭고, 지구 환경에도 이로운 선택을 할 수 있도록 우리를 이끌기 때문이다. 내 안의 자연이 바로 '공생 감각'이다. 이 감각의 회복을 통해 우리는 지속 가능한 삶과 지속 가능한 세상을 만들어갈 수 있다.

공생의 기술

나와 지구

우주비행사들은 우주 멀리서 지구를 바라보는 경험을 한다. 지구 밖에서 지구를 본 순간, 지구의 아름다움과 소중함을 느끼는 동시에 자신과 지구의 관계를 바라보는 인식이 극적으로 변화하는 것을 경험한다고 한다. 이를 '조망 효과'라 한다. 세계 최초의 우주비행사 유리 가가린을 비롯해 많은 이들이 우주를 다녀온 뒤 지구와의 깊은 연결감이 생겼으며 가치관이 크게 바뀌었다고 밝혔다.

이와 관련하여 최근에 많은 사람에게 깊은 울림과 공감을 준 이야기가 있다. 미국 할리우드 원로 배우인 윌리엄 샤트너의 우주여행 회고담이다. 올해 92세인 그는 1960년대 미국 인기 드라마 '스타트렉'에서 우주 함대 엔터프라이즈호의 선장 역할로 널리 알려져 있다. 그는 재작년에 어린 시절 '스타트렉' 열혈 팬이자 아마존 창업자인 제프 베이조스의 초청으로 준궤도 우주여행을 다녀왔다. 준궤도 여행은 고도 100km 남짓한 우주 경계선까지 올라가 3~4분간 무중력을 체험하면서 우주와 지구를 조망하고 돌아오는 것을 말한다. 출발에서 돌아오기까지 불과 10분이다. 그는 1년 후 펴낸 회고록《Boldly

Go(대담하게 가라)》에서 이 짧은 우주여행에서 느낀 바를 다음과 같이
표현했다.

"우주를 응시했을 때 거기엔 아무런 신비도 없었다. 경외감으로
바라봐야 할 장엄함도 없었다. … 내가 본 것은 차갑고 어둡고 검은
공허였다. 그것은 지구에서 보거나 느낄 수 있는 암흑과는 전혀 달랐
다. 깊숙이 모든 걸 덮어버리고, 사방을 에워쌌다. 나는 지구의 빛을
향해 돌아섰다. 둥그런 지구의 곡면과 베이지색 사막, 흰 구름과 파란
하늘이 보였다. 그건 생명이었다. 양육하고 보듬어주는 생명. 어머니
지구. 가이아."

그는 차가운 우주와 온기를 뿜어내는 지구의 극명한 대비를 보면
서 압도적인 슬픔을 느꼈다고 고백했다. 매일 우리 손에 지구가 더 파
괴되고 수많은 생물이 멸종된다는 사실에 두려움을 느낀다고도 말
했다. 샤트너가 본 것이 우주의 전부는 아니다. 우주의 참모습이 아닐
수도 있다. 우리는 먼 미래에 더 아름답고 수용적인 우주를 발견하게
될지도 모른다. 하지만 그러한 발견에 앞서 지금 우리는 마치 걸음마
를 처음 시작하는 아기처럼, 동네 밖으로 처음 나가는 어린아이처럼,
새 정착지를 찾아가는 길에 대협곡을 마주한 개척자처럼 망설임과
두려움 속에서 첫발을 떼야만 한다. 그때 깨닫게 될 것이다. 자신이
얼마나 큰 보호와 사랑 속에서 살아왔는지를. 지구와 자신이 얼마나
불가분의 관계인지를.

조망 효과에서 나타나는 심경 변화의 핵심은 지구를 전체로 인식
하고, 지구와 자신이 생명으로 연결되어 있음을 느끼는 것이다. 그런

데 이러한 변화가 우주로 나가 지구를 바라볼 때만 일어나는 것은 아니다. 변화는 우주 공간이 아닌 마음에서 일어나기 때문이다. 우리 마음에서 그러한 변화가 일어날 때 단지 지구를 바라보는 시각만 바뀌는 것이 아니라, 지구를 공유하는 모든 사람과 생명체를 대하는 태도 또한 달라진다.

지구 감수성

내가 지구와 연결되어 있다는 것을 느끼기 위해서는 지적인 이해도 필요하지만 근본적으로는 감각이 깨어나야 한다. 인간이 가진 공감 능력을 주위 사람들뿐만 아니라 자연환경으로 확장하는 노력이 필요하다. 이를 '환경 감수성' 혹은 '지구 감수성'이라 부를 수 있을 것이다. 건강한 자연환경이 필요하다는 이해에 머무는 것이 아니라 실제로 자기 자신을 자연환경의 일부로 인식하고 자연의 상태를 자기 몸처럼 느낄 수 있는 능력이다. 지구와의 정서적, 감각적 연결이 앎을 행동으로 옮기는 데 도움을 준다.

10년 전쯤 효과적인 건강법으로 물구나무서기를 권한 적이 있다. 물구나무서서 남자는 50걸음, 여자는 36걸음 정도 걸을 수 있게 연습해보라고 했다. 나 역시 물구나무서서 걷는 연습을 하곤 했다. 물구나무서기는 근력을 길러줄 뿐 아니라 균형 감각을 깨우고 몸의 골격을 바로 잡아주는 데 아주 효과적인 운동이다.

당시 물구나무서기를 권하면서 특별한 의미를 하나 덧붙였다. '지구를 든다'는 마음으로 물구나무서기를 해보라는 것이었다. 우리가 알고 있는 것처럼 '위-아래'는 내 관점을 기준으로 한 일종의 착시이다. 지구의 관점 혹은 우주의 관점에서 보면 위아래는 존재하지 않는다. 내가 물구나무섰을 때 말 그대로 공간을 딛고 지구를 받치고 서 있는 것이다. 그러니 '지구를 든다'는 마음으로 물구나무를 서면서 내 팔로 내 몸을 떠받치는 무게감을 느끼듯 지구에 대한 책임감을 느껴보라는 것이었다.

어떻게 하면 지구를 느낄 수 있을까? 사실 우리가 지구를 느끼지 않고 존재하는 순간은 없다. 깊은 숲속에서 아름드리나무를 껴안거나 맨발로 흙을 밟으며 산책할 때만 지구를 느끼는 것이 아니다. 앉아 있든, 누워 있든, 걷고 있든 심지어 비행기를 타고 날고 있는 순간마저도 지구를 느끼고 있다. 우리 엉덩이와 발을 받치고 있는 그 견고한 덩어리가 바로 지구이다. 손을 휘저을 때 느껴지는 공기의 저항이 바로 지구이다. 세수할 때 손에 고인 그 물이 지구이다. 하지만 우리는 이를 지구라고 인지하지 못한다. 우리의 감각으로 인지하기에는 지구가 너무 크기 때문이다.

'장님 코끼리 만지기'라는 속담과 비슷하다. 코끼리의 전체 모양을 보지 못하고 코끼리를 만지면 자신이 만진 부위에 따라 큰 기둥처럼 생겼다거나, 굵은 뱀처럼 생겼다거나, 기다란 뿔처럼 생겼다고 묘사할 것이다. 너무 커서 전체를 보지 못하면 눈을 감고 만지는 것과 별반 차이가 없다. 물론 우리는 우주 공간에서 찍은 지구 사진을 통해 지구 전체를 볼 수 있다. 하지만 이러한 시각적 인지를 통해 얻는 경험은 느낌보다는 지적인 이해에 가깝다.

결국 지구를 느낀다는 것도 눈으로 보고 손으로 만져서 느끼는 것이 아니라 마음으로 느끼는 것이다. 마음으로 느낀다는 것은 고차원적인 수련으로 영적인 감각을 깨워 제3의 눈으로 본다는 말이 아니다. 마음으로 무언가를 느끼는 데 필요한 것은 관심과 사랑이다.

평소에 명상을 한다면 지구를 떠올리고 가슴에 품는 상상을 해보자. 종교인이라면 일주일에 단 한 번이라도 자신이나 가족, 자신이 속한 종교단체가 아니라 지구를 위해 기도해보자. 기공이나 명상을 한다면 일주일에 단 한 번이라도 지구를 위해 힐링 에너지를 보내보자. 매일 산책을 한다면 일주일에 단 한 번이라도 발로 지구를 마사지해준다는 마음으로 걸어보자. 체중을 줄이고자 한다면 일주일에 단 한 끼라도 지구를 위해 단식을 하고 단식으로 줄인 식비만큼 지구 환경을 살리는 일에 기부해보자. 이런 식으로 관심과 사랑을 표현하는 것이 지구를 마음으로 느끼는 시작이다.

우리가 어떤 대상에 관심과 사랑을 갖게 되면 행동에 많은 변화가 일어난다. 사랑하는 사람이 있으면 행동할 때 그 사람의 입장을 고려한다. 물건을 사거나 맛있는 것을 먹을 때, 아름다운 광경을 볼 때도 그 사람을 생각하기 마련이다. 그 사람이 건강하고 행복하기를 기원하고 좋은 것이 있으면 나누고 싶어 한다. 그런 것처럼 우리가 일상에서 수많은 선택과 행동을 하는 순간에 '지금 내 행동이나 선택이 지구에 도움이 될까 고통이 될까'를 질문할 마음의 공간이 생겼다면 당신은 이미 지구를 느끼는 것이다. 내가 이 책을 통해 당신과 나누고 싶은 것은 정보나 지식, 기술이 아니라 바로 이 마음이다.

지구가 아파요

아이들에게 지구를 상상해서 느껴보라고 하면 우는 아이들을 드물지 않게 본다. 이유를 물어보면 대개 "지구가 아파요" "지구가 불쌍해요"라고 답한다. 내가 아는 한 지인은 어느 날 새벽에 일곱 살 딸아이가 훌쩍거리는 소리에 잠이 깼다고 한다. "왜 그래? 어디 아파?" 놀라서 묻자 딸아이가 "엄마, 지구가 너무 아파요"라고 말해서, 그녀를 더욱 놀라게 했다고 한다. 문화와 배경이 다른 여러 나라의 아이들이 이와 비슷하게 반응하는 것을 여러 차례 봐왔다.

아이들 말마따나 지구는 지금 아프다. 고통을 겪고 있다. 실제 지구의 컨디션이 그렇다. 원인을 제공한 것도 우리이고, 치유할 수 있는 것도 우리이다. 그리고 우리에게는 지구를 품고 지구를 느낄 수 있는 마음이 있다. 우리가 이 마음을 살려 지구를 치유하기 위해 행동에 나선다면 모두에게 축복이 될 것이다. 만약 그렇게 하지 못해 지구가 스스로 치유하고 균형을 회복하고자 한다면, 이는 우리가 이제껏 한 번도 경험해 보지 못한 엄청난 재난이 될 것이다.

지금 우리가 회복해야 하는 것은 감수성이다. 내 부모나 자녀가 아플 때 느끼는 그 마음을 파괴되어가는 지구를 보면서 느낄 수 있는 그런 감각 말이다. 이 감각은 시각, 촉각, 미각 같은 말초적 감각이 아니다. 현재 지구의 문제가 무엇이고, 얼마나 심각한지 정확히 이해하는 지성만도 아니다. 눈으로 보고, 머리로 생각하고, 가슴으로 느끼는 모든 것을 포함한다. 우리는 이 모든 능력을 갖추고 있다. 그런데 이 능력은 관심과 사랑이 있어야 발휘되기 시작한다. 지구에 대한 관심과 사랑으로 지구를 느껴보자. 그 느낌을 따라 행동하자. 아주 사소한 것에서부터.

2부

지구와 공생하기

5

모순과 다름
받아들이기

두 아들을 둔 어머니가 있었다. 한 아들은 짚신을 팔고, 다른 아들은 나막신을 팔아 생계를 유지했다. 두 아들의 생업이 상반되는 날씨에 의존하다 보니 어머니는 비가 오면 짚신을 파는 큰아들을 걱정하고, 해가 나면 나막신을 파는 작은 아들을 걱정했다. 두 사람만 되어도 걱정이 끊이질 않는데 걱정할 대상이 열 명, 백 명이 되고 수천, 수민 명이 되면 어떻게 할 것인가? 하물며 그 대상이 온 세상이라면 개인과 집단이 가진 각각의 관심과 목표, 이해관계를 무슨 수로 조정해서 조화와 균형을 이룰 것인가?

세계는 팬데믹의 충격에서 완전히 벗어나지도 못한 상태에서 전쟁의 충격으로 다시 비틀거렸다. 전투는 우크라이나에서 일어나고 있지만 거의 전 세계가 직간접적으로 이 전쟁에 연루되었다. 경제제재와 물류 시스템의 교란으로 모두가 그 영향력을 실감하고 있다.

이러한 상황은 우리에게 두 가지 사실을 분명하게 보여준다. 첫째는 팬데믹을 통해 확인한 것처럼 우리가 서로 분리할 수 없이 연결되어 있다는 것이다. 둘째는 그런데도 여전히 인류 사회를 지배하는 것은 분리, 경쟁, 지배의 패러다임이라는 것이다.

분리, 경쟁, 지배의 패러다임 밑바닥에는 '나는 세상과 분리되어 있다'는 인식이 자리하고 있다. 우리가 흔히 '에고ego'라 부르는 것이다. 이러한 인식은 각자의 의식 속에 있지만 그 뿌리는 개인적인 삶으로 가늠하지 못할 만큼 깊고 오래되었다. 이것이야말로 인류 역사를 관통해온 만악萬惡의 근원이자 만병의 뿌리라 할 수 있을 것이다. 규칙을 어기고 다른 사람을 해하면서까지 자신의 이익을 추구하는 모든 범죄행위가 여기에서 비롯된다. 모든 병의 원인이라는 스트레스도 외부의 변화를 '나'에 대한 위협으로 여기는 데서 시작된다.

개인의 사회적 성숙도를 판단하는 일반적인 척도 중 하나가 갈등해결 능력이다. 대화와 타협을 통해 서로의 이익을 보호하는 방식으로 갈등을 조정하고 해결할 수 있는가, 소리를 지르고 주먹질하는가? 이것이 성숙과 미성숙 혹은 어른과 철부지를 구분하는 하나의 기준이다. 해결 능력이 어떤 수준이냐에 따라 개인에게 주어지는 지위와 역할, 책임이 달라진다. 갈등을 폭력적인 방식으로 해결하는 사람이나 집단에 큰 힘을 준다면 모두에게 큰 위험을 초래하기 때문이다. 개인뿐만 아니라 큰 집단, 국가도 마찬가지이다.

개인과 집단의 에고를 어떻게 다루고 갈등을 어떻게 해결하는지는 더 이상 당사자들만의 문제가 아니다. 에고가 집단화하고 큰 집단의 이해관계가 충돌하면서 이러한 갈등은 점점 인류 존립 차원의 문제가 되어가고 있다. 우리는 러시아의 우크라이나 침략, 열강의 패권경쟁과 군비 경쟁, 핵 위협을 통해 이를 생생하게 경험하고 있다. 갈등을 해결하고 조화롭게 더불어 사는 것은 이루어지면 좋은 희망 사항이 아니라 필수 불가결한 생존 조건이다.

분리는 착각이다

현재 우리가 겪고 있는 여러 위기 상황을 통해 우리가 어디에 살든 모두가 연결되어 있고, 서로 영향을 주고받을 수밖에 없음을 목도하고 있다. 단지 우리가 경험하고 인지하는 차원에서만이 아니다. 이러한 연결은 훨씬 더 깊고 광범위하다.

이 세상에 분리되어 따로 존재하는 것은 단 하나도 없다. 나는 지금 의자에 앉아 있고, 의자는 방바닥을 딛고 있고, 방바닥은 땅을 의지하고 있다. 지구는 해와 달, 태양계의 행성들이 만들어내는 중력권에서 안정적인 운동을 하고 있다. 이러한 엮임은 무한히 이어진다.

우리 몸 내부를 들여다봐도 확인할 수 있다. 몸은 기관과 조직으로, 조직은 세포로, 세포는 핵을 비롯한 더 작은 세포 내 기관들로 이루어져 있다. 더 쪼개서 단백질로, 분자로, 원자로, 마지막에는 전자와 미립자에 이르기까지 그 어느 것도 따로 분리되어 존재하지 않는다. 어떤 세포가 주위의 다른 세포들과 소통을 단절하고 독립적으로 생장·번식하려 한다면, 그것은 바로 암세포이다.

이러한 엮임을 외부로 계속 확장했을 때 우리가 만나게 되는 것은 광대한 허공이다. 우주에 존재하는 수많은 은하와 별은 밤하늘을 가득 채운 듯 보인다. 하지만 그들은 광대한 허공에 빛의 속도로 몇만 년, 몇백만 년을 가도 닿지 못할 만큼 멀리 떨어져 있다.

물질 내부로 들어가도 마찬가지이다. 물질의 기본단위를 찾아 들어가면 단단해 보이던 덩어리는 사라지고 진동하는 에너지의 파동만 남는다. 파동은 모든 물질의 기본 상태이다. 더 정확히 말하면 물질은 파동이 사방으로 무한히 퍼져 있는 에너지 장場으로 존재한다. 물질을 잘게 쪼개도 우리가 마주하는 것은 결국 광대한 허공이다.

허공에는 경계가 없다. 우리가 사물을 잘게 쪼개서 만나게 되는 허공이나 외부로 확장했을 때 만나게 되는 허공이나 같은 허공이다. 세상에서 가장 작은 것에서 가장 큰 것까지 어디를 봐도 '나'는 물론이거니와 그 어떤 것도 분리되어 존재하는 것은 없다.

만물은 파동 에너지로 가득 찬 허공 속에서 반딧불처럼 나타났다 사라진다. 이것이 현대 과학이 보여주는 우주의 모습이다. 인류의 영적인 전통 속에서 깨달음을 통해 본 우주의 모습과 다르지 않다. 분리되어 독립적으로 존재하는 내가 없다는 것은 영적인 각성이기 이전에 과학적 사실이다. 이를 부정하는 믿음이나 생각은 마치 지구가 우주의 중심이고, 태양이 지구를 중심으로 돈다는 주장만큼이나 비과학적이다.

'나'라는 생각

모든 것이 허공으로 이어져 있고, 분리되어 따로 존재하는 것은 없는데 우리는 어떻게 '나'를 견고한 실체로 인식할까?

대개 감각이 자극받아 그 자극을 준 대상에 마음이 이끌려 좋다 싫다 같은 반응을 한다. 이때 잠자고 있던 '나'라는 의식이 표면으로 떠오른다. 영적인 전통에서 흔히 감각의 자극을 '촉觸', 그것에 의해 마음이 대상에 이끌리는 것을 '착著'이라 표현한다. 촉이 착을 만드는 과정이 찰나에 일어나기 때문에 사람들은 그 순간을 인지하지 못한다. '나'라는 의식이 표면으로 올라오면 마치 항상 그곳에 있었던 것처럼, 자신이 모든 것을 통제하고 있었고 항상 그래야 하는 것처럼 생각하고 행동한다. 그 순간 의식은 분리, 경쟁, 지배라는 틀 속에 갇히고 모든 것을 그 틀 속에서 인식한다.

하루 중 우리가 기억하는 시간은 주로 내가 나로서 뭔가를 했던 시간이다. 물건을 사고, 누군가를 만나고, 전화하거나 문자 메시지를 보내는 모든 행위가 그렇다. 기억에 남는 시간이 모두 그러한 행동과 관련되다 보니 마치 하루 종일 '나'로서 산 것 같다. 하지만 실제로는 삶의 많은 시간을 '나'라는 생각 없이 살아간다. 내 안에서 일어나는 활동들은 대부분 '나'라는 생각 의식 없이 일어난다.

숨을 쉴 때, '나'라는 의식 없이 몸이 알아서 숨을 쉰다. 먹을 때나 길을 걸을 때도 마찬가지이다. 잠을 잘 때도 꿈을 꾸는 잠깐을 제외하면 '나'라는 의식 없이 그저 잠을 잘 뿐이다. 우리가 일상에서 행하는 많은 기능이 '나'라는 의식 없이 진행되고, 오히려 '나'라는 의식이 없어야 더 부드럽게 돌아간다. 팀 스포츠 경기에서 훌륭한 플레이가 펼쳐질 때는 선수 개개인의 '나'는 없어지고, 모두가 공동의 목표를 향해 하나가 되어 움직인다. 공동의 목표를 위해 한마음으로 일을 할 때도 우리 뇌는 최고의 성과를 낸다. '나'라는 의식이 없어질 때, 뇌의 잠재력이 발현되는 것을 가로막는 한계가 사라진다.

분리가 착각이라는 것을 인정하고, 모두가 하나라는 것을 받아들인다고 해서 세상을 살리기 위해 목숨을 거는 성자聖者가 되어야 하는 것은 아니다. 물론 분리된 '나'라는 개념이 기능적으로 매우 유용하기도 하다. 배가 고플 때 남의 입에 음식을 넣지 않고, 다리가 가려울 때 옆 사람의 다리를 긁지 않는 것은 분리된 '나'라는 인식이 있기 때문이다. 중요한 것은 분리되어 존재하는 내가 실체가 아닌 하나의 생각이고, 관념이며, 습관이라는 사실을 아는 것이다. 삶의 어느 시점에서 관습과 문화를 통해 학습한 것이다. 세상을 살아가기 위해 암묵적으로 받아들인 편의적인 기능 같은 것이다. 이 사실을 인정하고 기억한다면, 중요한 선택과 판단을 내릴 때 자신과 세상을 위해 보다 현명하고 유익한 선택을 할 수 있을 것이다.

모순의 공존

삶을 경쟁으로, 세상을 갈등과 대립의 장으로 보는 시각의 바탕에는 '분리'라는 착각과 함께 '모순의 공존'을 수용하지 못하는 인식의 한계가 있다. 이는 개인적인 투자에서부터 국제무역에 이르기까지 경제활동의 대부분을 지배하는 파괴적인 무한 경쟁과 제로섬의 바탕이다.

모순의 공존이 관념적이고 추상적인 개념인 것만은 아니다. 2019년 가을, 구글은 컴퓨터 역사상 처음으로 양자 컴퓨터가 전통적인 컴퓨터보다 더 뛰어난 성능을 발휘한다는 사실을 보여주었다. 단지 52개의 큐비트(양자 정보의 기본 단위)를 사용한 양자 컴퓨터로 전통적인 슈퍼컴퓨터라면 1만 년이 걸리는 계산을 단 200초 만에 해결했다. 1만 년과 3분이라는 어마어마한 차이를 가져온 것은 큐비트와 비트의 근본적인 차이 때문이다.

전통적인 컴퓨터에서 사용하는 비트는 '0 또는 1'의 상태로만 존재한다. 반면 양자 컴퓨터에서 사용하는 큐비트는 양자역학의 중첩重疊(superposition: 동시에 여러 곳에 존재할 수 있고, 입자이면서 동시에 파동으로 존재할 수 있는 사물의 근본 상태)을 활용해서 0 또는 1뿐 아니라, 0이면서 동시에 1로도 존재할 수 있다. 이 간단해 보이는 차이가 전통적인 컴퓨터와 양자 컴퓨터의 엄청난 차이를 만들어낸다.

양자 컴퓨터에서 0과 1의 차이는 '1-0=1' 같은 산술적인 계산이 아니다. 이때 0과 1의 차이는 비존재와 존재의 차이로 가장 근원적인 모순이다. 더 중요한 것은 양자 컴퓨터에 활용된 중첩은 양자 컴퓨터 시스템 속에만 존재하는 특수한 상태가 아니라 모든 사물의 보편적인 특성이라는 사실이다. 모든 사물은 입자이면서 동시에 파동이 될 수 있다. 달리 말하면 전 우주가 모순의 공존을 기본으로 해서 존재한다. 우리가 양자 컴퓨터의 성공에서 얻을 수 있는 중요한 통찰은 '모순의 공존을 수용할 수 있는지'가 사물을 이해하고 문제를 해결하는 데 엄청난 차이를 만들어낸다는 것이다.

사실 모든 생명의 조건 자체가 모순이다. 살아가는 것이 곧 죽어가는 것이고, 죽어가는 것이 곧 살아가는 것이니 말이다. 오늘 하루를 살았다는 것은 오늘 하루만큼 죽었다는 것이다. 그렇지만 우리는 삶과 죽음이라는 극단적 모순을 포용하며 잘 살아가고 있다.

모순을 화해할 수 없다고 보는 것은 모순 자체의 한계가 아니라 우리 인식의 한계이다. 이를 알고 공존의 방식을 찾아내는 것이 지혜이다. 1과 0은 존재의 양극단이다. 이 우주에 0과 1보다 더 대립하는 모순이 존재할까? 유와 무, 존재와 비존재가 공존하는 것이 이 우주가 존재하는 방식이라면 이 세상에 화해시키지 못할 모순이 있겠는가?

공생의 기술

홍익에서 공생의 길을 찾다

내탐과 분리를 극복하고 공생을 실현할 지혜를 찾기 위해 인류의 많은 영적인 가르침을 찾아보았다. 그 가운데 나에게 가장 큰 울림을 준 것은 우리나라의 홍익 정신이다. 세계를 하나의 거대한 생명 그물로 보고, 전체를 이롭게 하는 것이 자신을 이롭게 한다는 정신을 근간으로 우리나라가 세워졌다는 사실에 큰 감동과 자부심을 느꼈다.

자비, 인, 사랑은 인류의 위대한 스승들이 전해준 귀한 가르침들이다. 모두 훌륭한 덕목이지만 이들은 타인을 향한 마음가짐과 태도로서 수행과 실천을 통해 자각하고 키우는 개인적인 덕목들이다. 홍익은 자비, 인, 사랑이 추구하는 인성을 전제로 하지만 거기서 그치지 않는다. 홍익은 사회적 실천과 그 결과를 강조한다. 실천을 통해 다른 사람들에게 도움을 주고 선한 영향을 미침으로써 세상을 바꾸라는 가르침이다.

홍익에는 인간과 세상에 대한 사랑만이 아니라 더 큰 세상을 향해 나아가는 웅지와 자신감, 높은 기상이 들어 있다. 자기 뜻과 능력을 키워서 만물을 포용하고 세상을 널리 유익하게 하겠다는 의지가 담겨 있다. 홍익 정신이 단순히 영적인 가르침에 머물지 않고 수천 년에 걸쳐 국민교육과 국가의 통치 이념 역할을 할 수 있었던 이유이다.

나는 오래전에 우리 민족정신의 정수인 홍익을 나의 신념과 철학, 비전의 중심으로 삼기로 마음먹었다. '홍익'이 단지 국사 교과서에서만 볼 수 있는 죽은 단어가 아니라 지금 세상에 가장 필요한 정신이고, 현재 인류 사회가 직면한 도전을 해결할 열쇠라고 생각했기 때문이다. 그동안 많은 이들과 함께 진행해온 지구시민운동의 철학적 뿌리 또한 홍익 정신이다. 홍익은 단지 내 나라만 잘살자는 것이 아니라 모두를 널리 이롭게 하자는, 세계가 함께 공유할 수 있는 공생의 정신이다.

나는 한국의 홍익 정신을 널리 알리고 연구하기 위해 천안에 국학원國學院을 세웠다. 그곳에는 강건하면서도 인자한 눈빛을 가진 대형 단군상이 손에 지구를 들고 있다. 5천 년 전에는 사람들끼리만 서로 잘 지내도 세상이 충분히 평화로웠을 것이다. 그러나 이제는 사람과 다른 모든 생명체, 사람과 자연환경과의 건강한 관계를 회복하지 않고서는 사람의 생존 자체가 불가능한 상황이 되었다. 널리 이롭게 해야 할 대상이 인간세계만이 아니라 지구 전체로 확장된 것이다. 이제는 공생하는 것이 홍익하는 것이다. 단군상의 손에 올려진 지구는 이러한 정신을 표현하기 위함이다.

홍익을 실천하기 위해서는 큰 사랑과 웅지만이 아니라 크고 밝은 지혜가 필요하다. 한 사람을 이롭게 하기도 쉽지는 않지만 그래도 마음먹으면 할 수 있는 일이다. 그러나 대상이 둘이 되면 사정이 달라진다. 만약에 서로 이해가 충돌한다면 어떻게 두 사람을 이롭게 할 수 있을까? 앞에서 소개했던 짚신 장수와 나막신 장수를 두 아들로 둔 어머니의 난감한 처지는 단지 속담 속 이야기가 아니다. 삶의 모든 영역에서 우리가 일상적으로 경험하는 문제이다. 두 개인만이 아니라 큰 집단들이 서로 상충하는 이해관계에 엮여 있다면 갈등과 대립을 어디서부터 풀어나가야 할까?

그 해결의 실마리는 이 세상에 존재하는 모든 다양성에 공존의 권리를 인정하는 것이다. 세상에는 나와 다른 생각, 다른 생활 습관, 다른 피부색, 다른 취향, 다른 정치적 신념을 가진 수많은 사람이 존재한다. 그 사람들에게 더도 말고 덜도 말고 내가 가진 정도의 권리가 있음을 인정하는 것, 그것이 이 문제를 푸는 열쇠이다.

원수를 사랑하고 맞지 않은 다른 쪽 뺨까지 내어주기는 어렵더라도, 누구나 피부색이나 국적, 종교적 신념에 상관없이 나와 같이 세상에 존재할 권리를 가지고 있다는 사실은 받아들일 수 있다. 그러한 권리를 인정하고 존중하는 것이 양심과 상식을 가진 사람의 기본 책임이고 의무이다. 이러한 생각의 전환만으로도 우리는 세계를 지금보다 평화롭고 건강하고 지속 가능하게 만들 수 있다. 그동안 진화의 역사를 살펴봐도 공생하지 못하는 생명은 지속하지 못한다는 것을 알 수 있다.

현재 지구상에 존재하는 모든 갈등의 근본적인 원인은 모순되는 가치나 신념의 공존을 받아들이지 못하는 데 있다. 모순의 공존을 인정하지 않을 때, 나와 다른 것은 '악惡'이고 제거 대상이 된다. 서로 다른 것, 대립하고 모순되는 것을 받아들이지 못하면 세상에는 갈등과 폭력이 넘치게 된다. 이스라엘과 팔레스타인의 분쟁, 중국과 미국의 패권 경쟁, 남북한의 문제도 마찬가지이다. 주식, 부동산, 외환 등 대부분의 투자 활동을 관통하는 제로섬의 원칙 또한 같은 인식에 뿌리를 두고 있다.

분열과 갈등, 적대적 대립과 모순의 상황을 승자와 패자 어느 쪽에도 상처가 되지 않도록 평화와 공존으로 해결할 수 있어야 한다. 편을 가르는 리더십, 적을 만들어 내 편을 모으는 갈등의 리더십으로는 지금 지구와 인류에게 필요한 변화를 이끌어낼 수 없다. 세상을 바꾸고 살리는 일이 나와 반대되는 생각을 하는 사람들과 싸워서 이겨야만 가능하다고 믿는 것은 우리의 관념이다. 차이를 모순으로밖에 보지 못하고, 모순을 극복하는 방법으로는 투쟁과 승패밖에 모르는 구시대적 관념이다. 모순의 공존을 받아들일 수 있는 포용력과 유연함, 지혜가 있어야 한다.

모순의 공존을 받아들일 때 모순되어 보이는 것이 공존할 수 있는 세상, 다른 사람을 긍정하고 이해하는 열린 세상이 된다. 우리 뇌는 모순되는 것을 받아들일 수 있다. 뇌는 양립할 수 없을 것처럼 보이는 가치와 현상들을 수용하고 조화시킬 수 있을 만큼 용량이 크다. 모순은 내가 이기기 위해 반드시 다른 쪽을 패배시켜야 하는 상황이 아니라 우리에게 더 지혜로운 답, 모두에게 유익한 더 나은 답을 찾기 위한 도전이고 기회이다.

6

지구와 관계
회복하기

최근 몇 년 사이 우주 개척에 관한 기사가 그 어느 때보다 미디어에 자주 오르내린다. 그동안 국가가 주도했던 우주 개척 사업에 민간 기업이 적극적으로 참여하면서 구체적인 성과를 거두고 있다. 소수의 유명인이나 부자로 제한되기는 했지만 이미 민간인을 대상으로 하는 우주 관광 프로그램이 시범적으로 이루어졌다. 우주에서 자원을 채굴하는 것은 물론 3D 프린터, 로봇 등이 우주에서 상품을 만들어 지구로 가져오는, 이른바 '메이드 인 스페이스' 시대가 도래할 것이라는 이야기도 나온다.

우주 시대는 분명 인류 앞에 펼쳐진 새로운 가능성이고, 새로운 꿈을 꾸게 한다. 그것은 지구를 넘어선 외부 우주를 탐색하고 개척하는 것뿐만 아니라 다른 지적인 생명체나 문명의 존재를 발견하고 교류하는 것으로 이어질 수 있다. 더 나아가 우주 공동체의 일부가 되는 것을 의미할 수도 있다. 하나하나가 놀라운 가능성이고 인류의 의식과 활동을 획기적으로 확장할 것이 분명하다. 하지만 그 전에 우리는 지구와의 관계를 해결해야 한다.

공생의 기술

나는 지구시민입니다

개인이 우주여행의 기회를 얻는다는 것은 불과 몇 년 전만 해도 공상에 지나지 않았다. 하지만 최근 민간 우주 개척 기업들이 새로운 기술을 개발하여 비용과 위험이 획기적으로 줄어들면서 이제는 현세대 생애 내에 충분히 실현할 수 있게 되었다. 당신이나 나에게도 우주여행의 기회가 찾아올 수도 있다.

우주여행을 갔다가 어느 행성에 불시착했다고 한번 상상해보자. 그곳에 우리와 다른 지적인 생명체가 존재하고 그 생명체가 우호적인 관심을 보이며 당신에게 접근해왔다고 하자. 그 지적인 생명체가 당신에게 던질 첫 질문은 무엇일까? 당신의 이름을 물을까, 성별이나 나이를 물을까? 아니면 직업을 물을까? 그 생명체가 당신에게 던질 첫 번째 질문은 아마도 "너는 어디서 왔니?"일 것이다. 그 질문에 당신은 무엇이라고 답하겠는가? 한국? 서울? 혹은 뉴욕? 그 생명체가 혼동할까 봐 한국은 남북으로 나뉘어져 있는데, 나는 남쪽에서 왔다고 친절한 설명을 덧붙일 것인가?

그러한 답들이 전혀 도움이 되지 않는다는 것을 당신도 알 것이다.

그 상황에서 '어디서 왔느냐'라는 질문에 합당한 답은 "나는 지구에서 왔다"일 것이다. 우리가 지구에서 왔다는 것, 우리가 지구시민이라는 것은 국가나 종교, 문화 같은 인위적인 정보가 아니다. 이것은 우리가 정한 정보가 아니라 우주로부터, 자연으로부터 부여받은 정보이다. 우리가 우주의 어디를 가도, 아무리 멀고 깊은 곳을 가도 유효할 정보이다.

지구시민이 우리 정체성의 근본이라는 자명한 사실을 너무 오랫동안 외면해왔다. 국가, 민족, 종교, 이념이라는 테두리 속에 자신을 가두고 그러한 정보들과 우리 자신을 동일시해왔다. 이와 더불어 다른 신념 체계나 정체성을 가진 사람들을 부정하고 배척하고 파괴하였다.

초연결 사회에서 의사소통하고 사업을 운영하는 방식은 이미 우리가 지구시민임을 보여준다. 스스로를 한 국가나 민족이나 종교에 한정하는 기존의 정체성은 구체적인 생활세계의 변화를 따라잡지 못하는 우리의 완고한 습관과 기억일 뿐이다.

그렇기에 사실 지구시민이 된다는 것은 내가 생각하는 나 자신에서 실제의 나 자신으로 바뀌는 것이다. 이는 지금의 기술 수준 때문에 가능한 것이 아니다. 지구에는 처음부터 단 하나의 지구가 있었을 뿐이고, 지금도 그러하기 때문이다. 그 외의 모든 구분과 경계는 사실 인위적이고 편의적인 것에 지나지 않는다. 그러한 전통적인 경계들은 현실에서 일어나는 변화의 압력에 이미 허물어지고 있다. 우리가 지구시민이라는 것은 이제 관념적인 당위가 아니라 구체적인 현실

공생의 기술

이다.

지구시민이 되기 위해 특별히 배우고 준비해야 할 것은 아무것도 없다. 그동안 자기 정체성과 그 정체성을 지탱해온 신념 체계가 더 이상 상황에 맞지 않다는 것을 직시하고 마치 몸이 자라서 그동안 입었던 옷을 벗는 것처럼 그 정보의 껍질을 벗어버리는 선택이 필요할 뿐이다.

어릴 때 입었던 옷이 작아져서 더 이상 못 입게 되었을 때의 느낌을 기억해보자. 그 옷은 지금껏 당신 몸을 감싸고 차가운 바람과 뜨거운 태양으로부터 당신을 보호해왔다. 당신이 안전하게 성장할 수 있도록 지켜주었다. 당신에게 그 옷을 입고 살았던 날들은 여전히 즐거운 추억으로 남아 있다. 다만 이제 당신이 자랐기 때문에 그 옷이 필요 없어졌을 뿐이다. 몸이 자라서 옷이 맞지 않을 때는 옷을 벗는 것이 자연스러운 일이다. 그 옷을 고집하는 것이 이상한 일이다. 마찬가지로 지구시민이 된다는 것은 무엇을 버리는 것도 아니고 새로운 뭔가가 되는 것도 아니다. 있는 그대로의 나 자신이 되는 것이다.

우리가 지구시민이라는 사실을 받아들이면 차이는 더 이상 갈등 요소가 아니다. 문화, 인종, 종교, 신념의 차이는 공존하는 다양성으로 받아들여질 것이다. 다양성이 갈등과 분쟁의 씨앗이 아니라 인류 문화를 더 포용력 있고 풍부하게 만드는 원천이 될 것이다.

지구라는 중심 가치

대동강 물을 팔았다는 봉이 김선달을 우리는 사심친의한 수완가나 사기꾼의 예로 삼는다. 저절로 흐르는 강물을 돈을 받고 파는 것이 당시에는 이해가 되지 않았기에 그랬을 것이다. 지금은 마시는 물에 돈을 내지 않으면 오히려 그것이 이상한 상황이 되었다. 우리는 지금 밥이나 물에 가격을 매기는 것을 당연하게 받아들인다. 그런데 만약 공기에 값을 매겨 그 값을 치러야 마실 수 있다면 어떻게 될까? 팬데믹을 통해 우리는 이러한 일이 현실이 될 가능성을 보았다. 만일 공기로 전염되는 바이러스가 만연하여 안심하고 마실 수 있는 공기가 제한된다면 어떻게 할 것인가? 그제야 우리는 공짜로 마시는 맑은 공기가 얼마나 귀중하고 값진 것인지 알게 될 것이다.

가치의 상대적 차이를 조정하고 합의를 이끌어내는 장치로 우리는 지금까지 시장이라는 제도를 사용해왔다. 시장 제도에서 물건의 가치는 그 물건에 대한 수요와 공급의 균형으로 정해지고 시장에서 이루어진 평가를 기준으로 자원이 배분된다. 겉으로 보기에 합리적으로 보이는 이 시스템에는 치명적인 결함이 있다. 깨끗한 물과 맑은 공기처럼 시장에서 거래되지 않지만 우리 삶을 유지하는 데 매우 중요한 본질적인 가치들은 가격을 매기지 않는다는 점이다.

단 하나뿐인 지구, 한 번 붕괴하면 어떻게 회복할지 우리가 전혀 알지 못하는 지구 생태계의 가격은 얼마인가? 그것이 훼손되었을 때 복구하는 비용은 누가 지불해야 하는가? 아무리 큰 비용을 치른다 한들 복구가 가능하기는 한 것인가? 현재 우리의 시장 제도는 그러한 가치들을 포괄할 만큼 성숙하지도, 그러한 가치들을 인정할 만큼 정직하지도, 그러한 가치들을 다룰 만큼 섬세하지도 못하다.

가치 기준은 시장에서 거래되는 재화나 서비스의 가격을 결정하는 데만 중요한 것이 아니다. 일상생활 속에서 행하는 모든 선택에 영향을 미친다. 우리는 하루에도 수많은 선택을 한다. 우리가 원하는 것을 다 선택할 수는 없기에 무엇이 더 중요한지 우선순위를 정한다. 우선순위를 정해서 선택할 때, 의식하든 못하든 각자 가지고 있는 가치 기준을 적용한다. 우리가 적용하는 가치 기준은 개인적인 이익이 될 수도 있고, 가족에서 국가에 이르기까지 내가 속한 집단의 이익이 될 수도 있고, 내가 믿고 있는 종교적 신념일 수도 있다.

현재 우리가 지구상에서 목격하는 수많은 갈등과 충돌은 이러한 가치 기준 간의 충돌이다. 자신이 가지고 있는 가치 기준을 절대화할 때 갈등은 첨예해진다. 성공, 행복, 애국심, 신앙에 이르기까지 이러한 가치들은 상대적이다. 이를 둘러싸고 갈등이 존재한다는 것 자체가 상대적이라는 것을 보여준다.

가치의 상대성을 인정하고 서로 건드리지 않는 것이 각자의 가치가 절대적이라고 주장하고 상대방의 가치를 부정하는 것보다는 더 포용적이고 평화에 도움이 될지 모른다. 하지만 개별적으로 감당할 수 없는 거대한 도전에 대응하거나 전체에 도움이 되는 목표를 성취하기는 어려울 것이다.

이때 상식을 가진 모든 사람이 받아들일 수 있는 중심 가치가 있다면 크게 도움이 될 것이다. 이 중심 가치를 바탕으로 개인과 집단이 추구하는 다른 가치들을 조정할 수 있기 때문이다. 또 우선순위를 정함으로써 갈등과 충돌을 줄이고 의사 결정을 하는 데 도움이 될 것이다. 이 중심 가치를 바탕으로 거래 대상에 상대적인 가치를 부여하여 자원을 보다 효율적으로 사용하고, 경제 제도를 더 효율적으로 운영할 수 있을 것이다.

그렇다면 세상의 다양한 가치를 아우르고 상호 이해와 공존을 증진할 수 있는 중심 가치는 무엇일까? 나는 '지구'라고 생각한다. 지구는 단지 우리가 발을 딛고 설 수 있게 받쳐주는 땅덩어리가 아니다. 지구는 우리가 추구하는 모든 가치의 토대이고, 삶의 뿌리이며, 생명 그 자체이다.

우리가 추구하는 어떤 가치나 진리도 지구의 존재를 전제로 했을 때라야 성립할 수 있다. 오직 지구만이 인류의 의식을 하나로 모을 수 있는 중심 가치가 될 수 있다. 현재 가치를 추구하는 인류의 모든 활동은 지구를 기반으로 이루어지고 있다. 그렇기 때문에 지구는 모든 가치의 기본이자 중심인 최고의 가치이다. 지구는 인간만이 아니라 지구상에 존재하는 모든 생명을 위한 중심 가치이다. 지구는 평화나 민주주의 같은 이상이나 이념이 아니라 실체이다. 이념이나 이상은 새로 만들 수 있지만, 이 실체적 가치는 잃어버리면 되찾을 길이 없다.

그동안 중심 가치, 절대 가치로서 지구의 의미를 제대로 이해할 수 없었던 것은 우리가 인식하고 체험할 수 있는 범위에 비해 지구가 너무 크기 때문이었다. 물속에 있는 물고기가 물의 존재를 모르는 것처럼 너무 크고 가까이 있기 때문에 그 존재를 느끼지 못했다. 다른 물고기와 경쟁하며 먹이를 다투는 물고기는 오로지 눈앞의 먹이만이 자기 생명의 근원인 것처럼 여긴다. 몸을 담그고 있는 대양이 자기 존재의 근거임에도 너무 거대하고 가까이 있기 때문에 그 존재를 느끼지 못한다.

지구라는 중심 가치를 기준으로 삼으면 나에게 좋은데 다른 사람들에게 좋지 않은 것은 결국은 나에게도 좋은 것이 아니다. 나와 다른 사람들에게는 좋은데 지구에 좋지 않은 것은 결국 나와 다른 사람들에게도 좋은 것이 아니다. 나와 다른 사람들, 지구에도 좋은 것이 결국 모두에게 좋은 것이다.

이를 기준으로 우리 안의 절대적 진실인 양심의 소리를 듣고, 남의 고통에 공감하는 자비심의 안내를 따른다면, 분명 모두에게 유익한 현명한 판단과 선택을 할 수 있을 것이다. 나는 이것이 모든 생명체와 조화를 이루며 살아가는 우리의 미래, 공생하는 세상을 만드는 가장 기본적인 규칙이라고 믿는다.

지구를 모든 가치의 중심으로 보는 인식의 전환이 평화롭고 지속 가능한 세계로 가는 가장 중요한 열쇠이다. 지구의 존재와 의미를 제대로 이해하게 되면, 그동안 절대적 가치라고 믿어온 종교나 국가가 상대적 가치에 지나지 않는다는 것이 명확해지기 때문이다.

인류 역사를 얼룩지게 했던 수많은 분쟁은 절대적 가치의 지위에 오르고자 하는 상대적 가치들의 경쟁 결과라 할 수 있다. 사실은 상대적 가치인데 절대적 가치의 지위를 가지려다 보니 갈등이 생기고 다툼이 생길 수밖에 없었다. 표방하는 가치가 평화라 해도 결과는 마찬가지이다. 하나의 종교나 하나의 국가를 중심으로 한 평화는 부딪힐 수밖에 없다. 서로의 중심이 다르기 때문에 각자의 평화가 서로 갈등하고 싸우게 된다. 지구를 중심 가치로 인식하고 종교, 사상, 국가가 상대적 가치의 입장에서 서로를 존중할 때 비로소 참다운 평화의 초석을 다질 수 있고 지속 가능한 미래를 열 수 있다.

인식의 대전환이 필요할 때

당신에게 지구는 무엇인가? 우리가 쓸 만큼 쓰고 버릴 수 있는 일회용품인가? 기후변화 등 여러 복합적인 위기 상황으로 지구의 환경이 거주 불가능한 상태가 되기 전에 다른 행성을 개척해야 한다는 주장도 있다. 현재 지구는 분명 어려운 상황에 처해 있다. 그렇다고 포기할 수준은 아니다. 우리가 가진 모든 지혜와 능력, 자원을 모아 함께 지구에 만든 상처를 치유하고 복원시켜야 한다. 현재 인류에게는 그럴만한 능력이 충분하다. 우리에게 부족한 것은 그러한 노력을 위한 믿음과 의지이지 기술과 자원이 아니다.

설사 우리가 새로운 행성으로 이주한다 할지라도 지구에서 살던 대로 한다면 다행성多行星 문명이 지속 가능할까? 만약 우리가 우주 개척에 나서서 외계 문명과 만나고 지구보다 더 큰 문명 연합에 참여하게 된다면, 당신은 어떤 자격으로 참여하기를 원하는가? 생명을 유지하기 위해 파괴된 지구에서 가까스로 탈출한 피난민인가, 아니면 절대 위기에서도 힘을 모아 어려움을 극복하고 풍요로운 문명을 이룬 지구 공동체의 일원인가?

자신의 존재를 의식하고 자기 존재의 의미를 질문할 정도의 지성을 가진 원숭이 닮은 생명체가 지구상에 처음 출현하여, 별빛이 쏟아지는 밤하늘을 바라보며 존재의 근원에 경외와 궁금증을 가진 이래, 지구가 우주의 중심이 아니라는 사실을 인정하기까지 얼마나 긴 시간이 걸렸는가?

　　자신이 우주의 중심을 딛고 있다고 생각하다가 지구가 우주의 중심이 아니라는 사실을 인정하는 것이 당시에는 몹시 당황스럽고 굴욕적이기까지 한 일이었을지 모른다. 하지만 지금은 그것이 우리가 성장했다는 증거임을 이해하고 있다. 이제 그러한 성장의 증거를 다시 한번 보여야 할 때이다. 우리의 인식이 더 깊어지고, 시야가 더 넓어졌음을 다시 한번 스스로 증명해야 한다. 코페르니쿠스적 전환이라 부르는 인식의 전환이 다시 일어나야 한다.

　　지금 우리에게 필요한 인식의 전환은 인간이 지구의 중심이 아니라는 사실을 인정하고, 공생의 중심점을 찾는 것이다. 지구의 중심점은 인간이 아니라 지구 그 자체이다. 지구에서 이루어지는 모든 가치 평가의 기준은 자신의 인격이나 관념, 사상이나 종교, 민족이나 국가가 아니라 지구이다. 지구라는 새로운 중심점이 우리가 하는 모든 활동, 모든 거래에서 기준이 되어야 한다. 이러한 기준에서 보면 우리는 어떤 국가나 민족, 사회 공동체의 구성원이기 이전에 지구시민이다. 한국인이나 미국인이나 중국인이나 인도인이기 전에, 기독교인이나 불교인이나 이슬람교도이기 전에 지구시민이다.

7

지구경영에
참여하기

100년 전까지만 해도 사람들이 생각하는 가장 큰 사회 단위는 나라였다. 그때는 일반 사람들이 세계나 지구 전체를 생각할 필요가 없었다. 자신이 태어난 나라 밖을 나가는 일이 극히 드물었고, 자신이 속한 나라가 풍족하고 평화로우면 그것으로 족했다. 그러나 지금은 모든 것이 달라졌다. 우리의 생활 반경은 국경이 더 이상 의미가 없을 만큼 전 세계로 확장되었다.

현실은 이렇게 달라졌지만 우리 의식은 국경 등의 제도와 시스템, 교육, 종교, 문화에서 비롯된 기존의 낡은 신념 체계에 갇혀 있다. 이는 세계가 실제로 지구촌이 되는 것을 방해한다. 지금 인류가 맞닥뜨린 중요한 문제들은 그 원인이 한두 국가에 있지 않고 지구 전체에 걸쳐져 있다. 그렇기 때문에 특정 집단이나 몇몇 국가의 노력으로 해결될 일이 아니다. 기후변화뿐만 아니라 많은 문제가 그렇다. 그래서 우리가 모두 함께 지구를 '경영'한다는 생각의 전환이 필요하다.

만일 지구가 내 땅이고, 내 집이고, 내 기업이라서 지구를 내가 책임지고 관리하고 경영할 대상이라고 생각하면 어떻게 될까? 우리가 그런 마음으로 현재 지구의 상황을 바라보면 어떤 선택과 행동을 하게 될까?

공생의 기술

지구 경영자가 있다면

우리는 지구 표면의 아주 작은 한 조각에 지나지 않는 자기 집이나 땅에 대해서는 마치 그곳에서 천년만년 살 것처럼 애지중지하며 지키고 가꾼다. 하지만 정작 그 땅의 근본인 지구 자체의 상태에는 그만한 관심이 없다. 낭비와 비용을 최소화하고 모든 활동을 최적화하기 위해 노력하는 성실하고 책임 있는 기업의 경영자도 지구 전체의 손실과 비용에 관해서는 같은 방식으로 대하지 않는다.

우리가 지구를 대하는 방식은 마치 관리인이 없는 공중화장실을 쓰는 것과 비슷하다. 누구나 사용할 권리는 있는데 청소할 책임은 못 느낀다. 여러 사람이 함께 사용하니 금방 더러워지는 것은 불을 보듯 뻔하다. 결국 피해는 화장실을 쓰는 모든 이용자에게 돌아온다.

어떤 목적을 이루기 위해 인적, 물적 자원을 조직하고 활용하는 것을 경영이라고 한다면, 인간의 삶에서 경영과 관련 없는 것은 거의 없다. 작게는 자기 자신이나 가족의 삶을 경영하는 것에서부터 더 크게는 기업이나 국가를 경영하는 것까지 우리는 늘 경영하며 산다. 지구 경영도 경영이라는 차원에서는 이러한 일반적인 경영 활동과 다르지 않다. 다른 점이라면 추구하는 목표와 가치의 중심을 지구에 둔다는 것이다.

더 높은 차원의 가치와 공동의 이익을 위해 개인의 이익을 희생하거나 양보하는 것은 드문 일이 아니다. 개인과 공동체의 가치가 충돌할 때 공동체의 가치를 우선하는 것을 우리는 성숙한 시민 의식의 미덕으로 여긴다. 나라가 위기에 처하면 그 나라에 속한 기업이나 조직들이 각자의 이해관계를 넘어 나라의 이익을 위해 협력하는 것을 당연하게 여긴다. 국가의 이익과 기업의 이익 사이에 명백한 충돌이 생기는 상황에서 자신의 이익만을 우선시하는 기업은 비양심적이라 지탄받는다.

하지만 우리는 아직 이러한 기준을 지구에 적용하지 않고 있다. 지구는 우리가 속한 여러 차원의 공동체 중에서도 가장 최상위에 있다. 인간만이 아니라 모든 생명체를 아우르는 가장 포괄적인 공동체임이 분명하다. 지구경영은 지구를 우리가 속한 최상위의 공동체로 인정하고 지구를 어떤 개인이나 단체, 국가의 이익보다 우선시하는 것이다.

경영이라는 말을 비즈니스 분야에서 많이 사용하다 보니, 지구경영이라고 하면 비즈니스 차원의 세계화를 떠올리는 사람도 있을 것이다. 지구경영과 비즈니스 차원의 세계화는 무엇이 다른가? 근본적인 차이는 목표가 무엇이냐는 것이다. 비즈니스 차원의 세계화는 시장과 공급망의 범위를 전 세계적으로 확대해서 시장 지배력을 높이고 이윤을 극대화하는 것이다. 지구경영의 목표는 공생이다. 특정 개인이나 조직, 국가가 경쟁에서 이겨 다른 개인이나 조직, 국가를 지배하는 것이 아니라 다 같이 사는 것이다.

지구경영은 지구를 중심 가치로 삼고, 공생을 목표로 모든 사람이 참여해서 지구를 관리하고 보살피는 것이다. 그렇기에 특정 인물이나 국가, 시스템이 할 수 있는 것이 아니다. 지구에 사는 모든 사람이 책임감을 느끼고 함께 해나가는 것이다. 가치 판단의 중심에 지구를 놓고 자기 삶을 관리하는 사람이라면, 어디에서 무슨 일을 하든 지구경영에 참여하는 것이다.

지구경영 시나리오

지구경영은 실제로 어떠한 형태로 펼쳐질까? 아마도 가장 쉽게 떠올릴 수 있는 형태는 UN과 같은 국제협의기구를 통한 느슨한 조정 체제일 것이다. 78주년을 맞은 유엔은 그동안 많은 활동을 해왔다. 특히 한국은 가장 직접적인 수혜국 중의 하나이다. 하지만 유엔이 유엔 연합군의 이름으로 직접 전쟁에 개입한 것은 한국전이 처음이자 마지막이었다. 그 이후로 전쟁 수습을 위한 평화 유지군이나 복구를 지원하기는 해도 실질적으로 군대를 조직해서 연합군의 이름으로 유엔이 분쟁 해결에 나선 적은 없다.

유엔 같은 국제기구의 한계로 자주 지적되는 것은 절차가 복잡하고, 시간이 오래 걸려 비효율적이라는 점이다. 어떤 때는 합의문의 문구를 하나 수정하는 데 몇 개월이 걸리기도 한다. 이해관계가 다른 여러 나라들의 의견들을 수렴하고 조정해서 일을 진행하는 국제기구의 성격상 어쩔 수 없는 한계이다. 어떤 경우는 실행하기 위한 합의문이 완결되었는데 정작 그 합의를 통해서 해결하고자 하는 상황이 달라지는 경우도 발생한다.

또 다른 한계로 지적되는 부분은 상임이사국을 비롯한 강대국, 특히 미국과 중국의 영향력이다. 지난 2020년 미국의 트럼프 대통령은 WHO가 코로나바이러스의 진원지인 중국에 편향적이라는 이유로 아예 WHO를 탈퇴하고 지원을 중단하겠다고 통보했다. 미국에 새 정부가 들어서자마자 이러한 입장을 철회하기는 했지만, 국제기구가 생각보다 힘이 없다는 사실을 드러냈다. 유엔 자체적으로 재정적 능력이 없고 참가국, 특히 경제력이 큰 국가들의 분담금과 지원금에 의존하다 보니 그 영향에서 벗어나지 못한다. 그래서 때로는 강대국의 의사 결정을 국제사회에 정당화하는 거수기나 대변인 역할을 한다는 비판을 받기도 한다.

유엔과 같은 국제기구의 조정은 여전히 필요하지만 지금 같은 역할 이상을 기대하기는 어려울 것이다. 유엔의 노력에도 불구하고 지금도 국지 분쟁과 패권 경쟁이 진행 중이고, 지구 환경은 하루가 다르게 회복 불능 상태에 다가가고 있다.

지구경영의 또 다른 가능성으로 많은 사람이 상상하는 것은 통합적이고 독점적인 통제 체제이다. 세계적인 규모의 통합은 특히 주요 산업 분야를 중심으로 꾸준히 이루어져 왔다. 이미 에너지, 곡물, 항공기, 의약품, 자동차 등 주요 산업 분야에서 경쟁사는 4~5개 기업으로 축소되었다. 하나의 산업에 공급자가 하나밖에 없을 때는 경쟁과는 전혀 다른 방식으로 운영될 것이다. 만약 이러한 독점자들 사이에 산업간 통합이 이루어진다면 그것은 더 이상 자본주의 시장경제 체제라고 할 수 없을 것이다. 자본과 기술의 독점과 이를 통한 감시와 통제는 이미 세계 곳곳에서 일어나고 있는 현상이다. 안전이 위협받자 많은 사람이 자발적으로 자신의 권리를 포기하면서까지 감시와 통제를 수용하는 것도 목격하였다. 여기서 우리가 질문해야 할 것은 지배와 경영의 차이가 무엇이고, 인간을 어떻게 보는지이다.

지구와 인류의 미래를 두고 인간보다 더 진화한 어떤 존재들이 논쟁하는 상황을 상상해보자. 완전한 통제 시스템을 원하는 쪽에서 다음과 같이 주장한다. "인간은 거칠고 무지하고 이기적이라 그냥 두면 자신뿐만 아니라 주변 환경도 파괴한다. 틀을 잘 짜서 그 안에서 살게 해야지, 그렇지 않으면 지구가 거덜 날 것이다. 현재 지구의 상황을 보자. 더 늦추면 정말로 돌이킬 수 없을지도 모른다. 인간을 통제하든지 그렇지 않으면 지구를 보존하기 위해서 예전에 공룡들을 멸종시켰던 것처럼 인간을 없애야 할지도 모른다."

상상으로 만든 스토리이지만 이 주장에 항변할 말이 있는가? 지구의 위기가 당장 눈앞에 있어도 우리는 지구를 위해 사소한 개인적 편의나 이익도 희생하기 싫어한다. 자국의 단기적 이익과 자신의 정치적 인기를 위해서라면 지구를 위한 합의도 팽개치는 것이 현실이다. 서로를 파멸시키는 길인 줄 알면서도 전쟁과 무기 경쟁에 자원을 쏟아붓는 것 또한 현실이다.

만약 이것이 인간의 본질이라면 경영보다는 지배가 더 효과적일 것이다. 경영은 공통의 목표를 위해 각 개인이 각자의 역량을 최대한 발휘하고 그 힘을 조화롭게 조직화하는 것이다. 반면 지배는 개인들의 자발성과 창의성을 고려하지 않는다. 효율성과 결과만을 고려하여 규칙을 정하고 그 규칙을 일방적으로 강제한다. 에고의 한계에 갇힌 이기적인 존재가 인간의 본질이라면 우리는 지구경영을 선택하는 대신 자본과 기술을 독점한 소수가 우리를 지배하도록 허용할 것이다.

만약 이 두 가지 가능성만 우리 앞에 주어졌다면 참으로 암울하겠지만, 다행히 우리에게는 제3의 길이 있다. 바로 상식과 책임감, 희망이 있는 사람들의 자발적인 선내이나. 시구경영에 침여히기 위헤 기창한 깨달음이 필요한 것이 아니다. 우리에게 필요한 것은 공생이 공멸보다 낫다는 것, 두 가지 가능성이 모두 열려 있을 때 공생을 선택하겠다는 수준의 상식이다. 인류의 미래가 그 누구도 아닌 바로 나 자신의 선택이고 책임이라는 것을 받아들이고 희망을 선택하는 마음이다.

나는 이 마음이 갖는 힘을 많은 사람에게서 보았다. 내 삶을 통해서도 보았고, 내가 만난 사람들의 바르고 친절하고 밝은 마음을 통해서도 확인하였다. 사람들이 그 마음의 힘을 쓰기 시작했을 때 얼마나 큰 변화가 일어날 수 있는지 수없이 목격하였다. 내가 분명하게 아는 사실은 그러한 밝은 마음과 큰 사랑이 누구에게나 있다는 것이다.

자신 안에 있는 이 마음을 바탕으로 우리는 다른 사람을 신뢰하고 연결할 수 있다. 사회가 얼마나 안전하고 건강한지 보여주는 것은 방범 시스템이 아니다. 얼마나 많은 사람이 서로 간에 신뢰를 기반으로 연결되어 있는지이다. 지구의 미래는 얼마나 많은 사람이 지구의 위기를 자신의 문제로, 자신의 책임으로 받아들이고 행동하는지에 달려 있다. 다행스럽게도 지금은 지역적, 정치적, 문화적 경계를 넘어 연대하고 집단적인 선택의 힘을 발휘할 수 있는 기술적인 조건들이 모두 갖추어져 있다.

지구경영을 이런 식으로 이해한다면 지구경영이 너무 거창해 나와는 무관하다는 생각에서도 벗어날 수 있다. 지구경영은 지금 이 시대를 살아가는 모든 사람이 가져야 할 상식 같은 것이다. 혼자서 하는 것이 아니라 같은 생각, 같은 마음을 가진 사람들이 서로 연대하여 정보를 나누고 협력할 때, 그 선택과 행동의 힘은 증폭될 것이다.

공생의 기술

개인의 선택이 세상을 바꾼다

기후변화의 위험과 관련하여 많은 사람이 쉽게 떠올리는 이미지는 올망졸망한 새끼들을 데리고 얼음 조각 위에서 불안한 얼굴로 표류하는 북극곰의 모습이다. 또는 황폐해진 열대우림의 모습이다. 그 이미지가 주는 정서적인 호소력은 대단하다. 지구 환경을 보호하고 기후변화로 발생한 재난을 막기 위해 북극이나 열대우림에서 지금 당장 뭔가를 해야 할 것 같은 느낌이 들게 한다.

하지만 북극에서는 북극의 얼음을 녹일 만한 어떤 활동도 일어나지 않는다. 열대우림의 나무는 그곳에 사는 사람들을 위해 잘려 나가지 않는다. 정작 북극곰을 보호하고 열대우림을 보존하기 위한 변화가 일어나야 할 곳은 그곳으로부터 수천 킬로미터 떨어져 있는 지금 우리가 있는 곳이다. 실내 온도를 적정하게 맞추고, 조경을 관리하고, 음식을 주문하고, 생필품을 구매하는 등 일상에서 지구를 기억하고 선택에 반영하는 것만으로도 많은 것이 달라질 수 있다.

이 선택의 힘을 가장 잘 보여주는 사례가 유기농 식품 사업의 성장이다. 유기농 식품 분야는 현재 세계에서 가장 빠르게 성장하고 있는 산업 중 하나이다. 미국의 월마트는 유기농 식품 판매를 시작한 지 불과 2년 만에 미국의 최대 유기농 식품 판매 업체가 되었다. 월마트는 유기농 식품을 가장 팔지 않을 것 같은 상점이었다. 세계 최대 유통업체가 임청난 덩치에도 불구하고 새로운 공급자를 찾고 배급망을 갖추는 대규모 변화를 빠르게 완료하고 단 2년 만에 미국 내 최대 유기농 식품 판매업체가 된 것이다. 어떻게 이렇게 빠른 변화가 가능했을까?

이를 가능하게 한 것은 바로 소비자들의 선택이다. 이 세상에 소비자의 선택에서 자유로운 비즈니스는 없다. 모든 사업체는 소비자의 선택에 따라 새로운 상품을 개발하거나 기존의 상품을 바꾸거나 생산량을 조정하거나 단종한다. 슈퍼마켓이나 백화점 계산대에서 바코드가 읽힐 때마다, 온라인 쇼핑몰에서 구매 버튼을 누를 때마다 우리는 특정 상품에 투표하고 있는 것이다. 이 투표를 바탕으로 기업들은 상품을 바꾸고 행동을 바꾼다.

월마트 사장이 지구를 사랑하는 마음이 남달라서가 아니라 소비자들의 선택이 월마트를 유기농 식품 최대 판매자가 되게 한 것이다. 월마트의 식품 진열대를 획기적으로 바꾸어놓은 소비자들의 선택은 미리 계획되거나 조직화한 것이 아니었다. 순전히 자발적이고 개인적인 소비자들의 선택이 전 세계 매출 1위의 기업을 단 2년 만에 바꿀 수 있다면, 이 힘으로 바꿀 수 없는 사업체나 조직은 없을 것이다. 소비자들이 더 의식적이고 조직적으로 선택의 힘을 발휘한다면 사업체나 조직은 물론이고 국가와 세계 전체까지 변화시킬 수 있다.

우리는 인류 역사상 개인적인 선택으로 세상을 바꿀 수 있는 첫 세대이다. 세상은 이전에도 존재했고 사람들은 그전부터 살아왔지만, 이전에는 개인의 선택이 지구의 상태를 바꿀 정도의 영향력을 갖지 못했다. 예를 들어 100년 전만 해도 당신이 재활용을 실천하든 말든 큰 차이가 없었다. 하지만 이제 상황이 달라졌다. 지난 100년 동안 세계 인구는 20억에서 80억으로 4배가 늘었다. 인간 활동이 만들어내는 환경오염과 생태계의 파괴 속도는 점점 더 빨라지고 있다. 한 사람의 선택은 힘이 약해 보일 수 있다. 그러나 우리 개개인이 서로 소통하고 연결할 수 있는 능력이 점점 향상됨으로써 이제는 각 개인의 선택이 매우 중요한 의미를 갖게 되었다. 우리는 모두 이러한 개인적인 선택을 통해 지구경영에 참여할 수 있고, 이미 그렇게 하고 있다.

지속 가능하면서
풍요로운 삶은 가능하다

지속 가능성 하면 흔히 시골, 농장, 재활용, 초원, 동물을 생각한다. 이런 이미지는 낭만적이기는 하지만 많은 사람이 꿈꾸는 풍요와는 거리가 멀다. 그래서 지속 가능성에 관해 머리로는 이해하지만 지금 누리는 풍요와 편리함을 포기하고 싶지는 않아 한다.

지속 가능성과 풍요로운 삶은 양립할 수 없는 목표일까? 보다 풍요로운 삶을 원하는 사람들의 욕구를 생산 활동의 증가와 외형적 경제 성장 없이 어떻게 충족시킬 수 있을까? 많은 사람이 지속 가능한 환경과 경제 성장은 양립하기 어렵다고 생각한다. 때로는 지속 가능성을 우선시하는 사람들에게 경제를 모른다고 비판하기도 한다.

탄소 기반 경제에서 탄소 배출량을 줄이려면 생산 활동이 줄어들수 있다. 하지만 경제에서 생산 활동의 본질은 단지 더 많은 물건을 만들어내는 것이 아니라 가치를 만들어내는 것이다. 가치는 우리에게 필요한 것이 무엇이냐에 따라, 우선순위를 어떻게 정하느냐에 따라 달라진다.

그동안은 생존을 위한 환경적 조건들이 영원할 거라고 믿었기 때

공생의 기술

문에 경제적인 가치로 여기지 않았다. 환경이 훼손되는 것을 비용으로 고려하지 않았다. 하지만 깨끗한 공기와 맑은 물은 그 어떤 첨단 기술보다 중요한 가치이지 않은가? 값비싼 물건들을 산더미처럼 쌓아두고 있지만 환경이 망가지고 있는 나라를 부유하다고 할 수 있을까? 소박하게 살지만 청정한 환경을 유지하는 나라가 물질적인 풍요를 누리는 나라보다 더 가난하다고 할 수 있을까? 환경적 가치의 손실을 고려한다면, 세계에서 돈을 가장 많이 버는 기업들의 손익계산서에 적힌 이익이 정말로 이익이기만 한 것일까?

종이 한 장을 찢어보자. 그다음에는 그렇게 찢어진 두 쪽을 하나로 붙여보자. 종이 한 장도 찢는 것보다 회복하는 데 몇 배의 노력과 정성이 들어간다. 지금까지의 개발과 경제 성장은 기본적으로 자연환경을 파괴하고 자원을 뽑아내는 데 집중했다. 반면, 지속 가능한 개발은 복구와 치유를 중심으로 한다. 찢어진 종이를 붙이는 과정은 환경 가치를 훼손하는 것보다 더 많은 일자리를 만들 수 있다. 또한 소비를 위한 상품 생산과는 비교할 수 없는 가치를 만들어낼 수 있다. 훼손된 환경을 치유하고 복구하는 일의 가치를 정당하게 평가하고 보상한다면 더 많은 일자리와 소득으로 이어질 수 있다.

많은 기업이 자발적으로 자사의 생산 활동이 환경에 미치는 영향을 경제적 손익에 포함하기 시작했다. 환경 발자국까지 고려하여 기업의 생산성을 평가하려는 노력을 기울이고 있다. 이제 기업 경영자들은 기업의 지속 가능성을 강화하는 것이 비즈니스 성장의 기회라는 인식을 하고 있다.

가치 평가 시스템의 변화와 함께 고려해야 할 중요한 한 가지는 풍요와 낭비를 구분하는 것이다. 식량을 예로 들면, 현재 생산되는 모든 먹거리의 3분의 1은 소비자의 손에 닿지도 않고 폐기된다. 소비자의 선택을 받아서 조리된 음식 중 상당량이 쓰레기로 버려진다. 반면 만성적인 영양실조 상태에 놓인 세계 인구는 2020년을 기준으로 8억이 넘는다. 세계 인구의 11%이다. 음식물 쓰레기가 기후변화에 미치는 영향도 크다. 유엔환경계획은 농식품 손실 및 폐기로 발생하는 온실가스가 전 세계 온실가스 발생량의 8~10%라고 추정한다. 음식뿐만 아니라 생활 전반에서 낭비를 줄이는 것이 비용 절감과 환경보호, 자원 재활용에 큰 도움이 된다.

이 모든 사실이 지속 가능성과 풍요로운 삶이 양립할 수 있음을 말해준다. 우리는 지구를 중심으로 가치 기준을 바로 세우고, 이 새로운 가치 기준에 따라 경제활동의 우선순위를 조정하고, 우리 삶에서 낭비 요소를 줄임으로써 지속 가능하면서 동시에 풍요로운 삶을 창조할 수 있다.

당신이 바로 그 사람

사람들은 대개 자신이 매일 반복하는 일상의 일을 작고 하찮게 느낀다. 집에서 밥하는 일이 지구와 무슨 상관이 있을까 생각한다. 그런데 사소하게 느껴지는 작은 일들이 지구 환경이나 우리 미래와 다 관계가 있다. 지구경영을 위해서 나는 밥을 짓는다. 지구경영을 위해서 청소한다. 지구경영을 위해서 아이들을 가르친다. 이런 큰마음을 가질 때 사람이 달라진다. 당장 먹고살기 위해서 지금 이 일을 한다고 생각하면 자신이 하는 일이나 삶에 가치를 느끼기 어렵다. 어디에서 누구와 무엇을 하든 자신의 모든 활동이 지구와 연결되어 있고, 지구경영에 기여한다는 생각이 있을 때 일상의 모든 것이 가치 있게 변한다.

인간에 대한 사랑, 지구에 대한 감사함, 인성에 대한 믿음을 가지고 모든 개인이 이와 같은 마음을 선택하고 그 마음에 따라 행동하도록 돕는 것이 지구경영의 길이다. 규칙과 시스템으로 통제하는 것이 아니라 모든 사람이 자신 안에 있는 양심과 공감 능력의 안내에 따라 나와 전체를 모두 이롭게 하며 질서와 조화를 이루는 것이 내가 그리는 공생의 길이고, 지구경영의 꿈이다.

공생과 평화로 가는 길은 치열하게 싸우며 가는 길이 아니라 서로 돕고 같이 놀면서 가는 길이다. 그 과정에서 서로의 상처를 보듬고 치유할 수 있다. 공생과 평화는 목표이면서 동시에 과정이다. 공생을 연습하면서 공생을 이루고, 평화를 실천하면서 평화를 실현한다. 케이팝 스타인 방탄소년단을 보면 신명 나게 노래하고 춤추는 가운데 사람들을 행복하게 하고, 용기를 주며, 사람들의 마음을 어루만진다. 그리고 한국을 알린다.

각자 자기가 가진 재능들을 사용하면 된다. 군이 조직을 만들 필요도 없다. 마치 공연 때 모여서 서로 어울리고 메시지를 전하다가 공연이 끝나면 각자의 삶으로 돌아가는 BTS 아미들처럼. 사회관계망 서비스를 경계할 필요도 없다. 유튜브든 인스타그램이든 틱톡이든 모든 수단을 자유롭게 사용하면 된다. 그 속에 빠지지도 말고 배제하지도 말자. 자유롭게 넘나들면서 공생의 메시지를 나누고 지구시민의 삶을 나누면 된다. 중요한 것은 자신이 알고 느끼는 것을 혼자만 간직하지 않고 주위 사람들과 진실하게 소통하며 나누는 것이다. 그리고 깨어 있는 사람들, 밝은 의식을 가진 다른 사람들이 전하는 메시지에 공감하고 서로를 응원해주는 것이다.

좌냐 우냐, 진보냐 보수냐 등의 잣대로 자신의 의식이나 행동을 규정하지 말자. 양심에 따르고 공감하는 대로 나에게도 좋고 지구에도 좋은 것을 선택하고, 실천하면 된다. 한 가지 우리에게 꼭 필요한 것은 아름다운 세상, 공생이 실현되는 세상에 대한 꿈을 포기하지 않고 끝까지 가는 것이다.

나는 꿋꿋하되 경직되지 않고, 진지하되 무겁지 않은 리더를 꿈꾼다. 강하되 부드럽고 친절하며 천진하면서도 현명한 리더를 꿈꾼다. 다른 사람들의 고통을 함께 아파하고, 좋은 일에 함께 기뻐하는 착한 마음을 가진 리더를 보고 싶다. 에고와 양심을 구분할 줄 알고, 두 가지가 다른 소리를 낼 때 양심의 소리를 따르는 리더를 바란다. 세상을 지배하려는 야심이 아니라 세상을 빛리겠다는 비전을 품은 리더의 출현을 꿈꾼다.

3부

공생 사회를 위한 제안

8

교육이 놓치고 있는
중요한 것

팬데믹이 시작될 무렵 나는 뉴질랜드의 케리케리시에 머물며 얼스빌리지 개발을 준비하고 있었다. 누구나 이곳에 와서 자연 친화적인 삶의 기술을 배우고 지구시민의식을 경험할 수 있도록 교육 시설을 만드는 일에 집중하고 있었다. 뉴질랜드는 팬데믹 초기에 다른 어느 나라보다 먼저, 그리고 철저하게 국가 봉쇄를 실시한 터라 그야말로 꼼짝없이 섬나라에 갇힌 처지가 되었다. 얼스빌리지 개발 계획은 중단되었고, 명상 체험을 위해 이곳을 찾던 사람들의 발길도 뚝 끊겼다. 뉴질랜드뿐만 아니라 여러 나라에서 워크숍과 콘퍼런스 등의 행사가 예정되어 있었지만, 아무것도 계획대로 실행할 수 없었다.

모든 일정이 취소되자 평소 생각만 하고 시간을 충분히 내지 못했던 농장 개발을 본격적으로 시작했다. 매일 스태프와 함께 야외에서 일을 했다. 길을 내고, 울타리를 세우고, 동물들을 위한 집도 만들었다. 그중에서 가장 즐거웠던 활동은 농장에서 동물들을 돌보는 일이었다. 소, 돼지, 염소, 거위 등 여러 동물 가족이 새끼를 낳으면서 농장의 규모가 점점 커졌다.

새로 태어난 새끼들을 돌보면서 가장 인상 깊었던 것은 새로운 생명체들이 보여준 놀라운 적응력이었다. 소는 태어난 지 채 몇 시간이 지나지 않아서 일어나 걷기 시작한다. 독초를 먹고 죽어가던 아기 돼지 럭키는 내가 침을 놓고 기공 마사지를 해서 살렸는데, 불과 1년도 지나지 않아 아빠 돼지가 되었다.

동물들의 빠른 성장과 놀라운 적응력을 지켜보면서 인간이 생존에 얼마나 취약한 동물인지 다시 한번 느끼게 된다. 인간은 태어나서 1년이 지나도록 제 발로 일어서지 못한다. 말귀를 알아듣고 기초적인 의사 표현을 하는 데만 3~4년이 걸린다. 그때부터 어린이집과 유치원을 포함하여 14년 이상의 긴 교육과정에 들어간다. 태어난 후 거의 18년 정도가 지나서야 비로소 본인 스스로 책임 있는 의사 결정을 할 수 있는 위치에 선다. 이 기간에 어떤 환경에서 누구와 교류하고, 어떤 정보를 받아들였느냐에 따라 본인의 삶은 물론이고 그 삶을 통해 세상에 미치는 영향이 완전히 달라진다.

기나긴 양육 기간은 인류가 가진 약점이자 최대 강점이다. 이 기간에 개인은 자신의 의식주와 안전, 교육을 가족과 공동체에 의존할 수밖에 없다. 만약 적절한 보호와 양육을 제공받지 못하면 개인은 정상적인 성장은 물론이고 생존 자체가 어렵다. 한편으로는 기나긴 보호와 양육 기간 때문에 생활에 필요한 지식과 기술을 비롯해 인류가 축적한 막대한 양의 문화적 자산을 습득해서 활용하고, 이를 더 발전시켜 다음 세대로 전할 수 있다.

인류의 미래 사회가 어떤 모습일지는 양육 기간에 개인들에게 무슨 일이 일어나느냐가 결정할 것이다. 개인차가 있겠지만, 대체로 가장 크게 영향을 미치는 것은 가정과 학교이다. 교육이라는 측면에서는 학교의 역할이 가장 크다. 나는 미래 사회가 어떤 모습일지를 보여주는 지표 중 하나가 현재 학교의 교실 풍경이라고 생각한다. 그곳에서 미래 사회를 만들 정신과 태도가 형성되기 때문이다.

공생의 기술

교실 풍경

학교 현장을 잘 아는 지인들로부터 현재 고등학교 교실 풍경이 어떤지 전해 들은 적이 있다. 수업 시간에 학생 중 절반은 자고, 깨어 있는 학생들의 3분의 2는 딴짓하고, 10% 정도만 수업에 집중한다고 한다. 물론 대한민국의 모든 고등학교의 교실 풍경이 이렇지는 않을 것이다. 하지만 많은 학생, 학부모, 교사들은 이 모습이 학교의 실제 현실과 크게 다르지 않다는 것에 공감할 것이다.

입시를 목전에 둔 고등학교 교실만 그러한 것이 아니다. 이미 초등학교에 다닐 때부터 입시를 전제로 한 경쟁에 뛰어든 아이들은 12년 동안 대학 입학시험에 필요한 정보를 습득하느라 시간을 다 보낸다. 정작 삶에 필요한 실용적인 지식이나 기술, 지혜와 품성에는 교육자도 피교육자도 관심을 기울일 여유가 없다. 10%를 제외한 학생들, 이미 경쟁에서 질 것이 예정된 다수에게 학교는 과연 어떤 의미일까? 현재 학교의 기능에 관한 문제 제기만은 아니다. 청소년기에 겪었던 내 경험을 통해 오랫동안 품어 온 질문이기도 하다.

청소년기의 나는 행복하지 못했다. 행복하지 못한 정도가 아니라 나는 매우 우울하고 매사에 비관적이었다. 학교에서 공부에 집중할 나이에 내 머릿속은 다른 사람들이 들으면 황당하다고 여길 법한 삶에 관한 근본적인 회의로 가득했다. 회의적인 질문들에 이끌려 수업에 전혀 집중할 수 없었다. 노트 필기를 해도 내가 무엇을 썼는지 나조차도 알아볼 수가 없어서 나중에는 아예 노트 없이 다녔다. 삶에 책임감을 느끼고 뒤늦게 공부를 시작해 대학에 들어가게 된 것은 나 자신의 존재 가치를 어렴풋하게나마 알게 된 후의 일이다.

당시의 나처럼 명확한 목표나 의망도 없이 학교라는 시스템 속에서 고통스러운 청소년기를 보내고 있는 학생들을 보면 매우 안타까웠다. 체험을 통해 인간의 뇌가 가진 무한한 잠재력을 확신하기에 안타까움은 더욱 커졌다. 뇌의 잠재력과 창조성은 지식을 많이 습득한다고 개발되는 것이 아니다. 삶의 목표와 꿈이 있어야 뇌를 제대로 활용할 수 있다. 학창 시절에 아무런 꿈도 없이 우울하고 힘들게 보냈던 나도 꿈을 찾고서 창조력을 발휘할 수 있었고 선택한 모든 것을 이룰 수 있었다.

나는 오래전부터 다른 무엇보다도 학생들이 자신의 가치를 발견하고 꿈을 찾도록 도와주는 학교, 책임 있는 삶을 사는 데 도움이 되는 현실적인 지식과 기술을 가르치는 학교가 필요하다고 생각했다. 그런 학교가 현실에 없다면 직접 만들어보겠다고 마음먹었다. 그래서 시작한 것이 대안학교인 벤자민인성영재학교이다.

공생의 기술

벤자민인성영재학교

벤자민이라는 이름은 내가 존경하고 좋아하는 역사적 인물인 벤자민 프랭클린에서 따온 것이다. 벤자민 프랭클린은 잘 알려진 것처럼 미국의 건국 아버지 중 한 사람이다. 그는 미국 역사에 중요한 발자취를 남긴 정치인이지만 그 밖에도 언론, 출판, 과학 등 많은 분야에 걸쳐 큰 성과를 이루었다.

여러 분야에 걸쳐 박학다식했지만, 정식 학교 교육은 딱 2년 받았다. 나머지 지식과 기술들은 모두 독학으로 습득했다. 그는 번개의 본질을 알기 위해 천둥 번개가 치는 날 연을 날릴 만큼 탐구심이 남달랐다. 이 실험을 통해 번개가 전기의 작용임을 밝히고 번개로 발생하는 재해를 막아주는 피뢰침을 발명했다. 그는 자기 계발을 위해 끊임없이 노력했고, 스스로 정한 원칙을 반드시 지키는 언행일치를 실천했으며, 실용적인 지식과 기술을 존중했던 훌륭한 품성을 가진 인물이다. 그러한 품성이 내가 생각한 새로운 개념의 학교가 추구하는 가치에 잘 부합해서 '벤자민'이라는 이름을 학교에 넣게 되었다.

벤자민인성영재학교(이하 벤자민학교)에는 보통 학교에는 다 있는 다섯 가지가 없다. 교실, 교과목 수업, 숙제, 시험, 성적표. 이런 학교가 있다는 이야기를 들으면 많은 사람이 어리둥절한 표정을 지을 것이다. 아니 교과목도, 시험도, 숙제도 없는 학교가 어떻게 학교냐며?

이 다섯 가지가 없는 대신 벤자민학교에는 스스로 계획하고 실행해서 결과를 만들어내는 '드림 프로젝트'가 있다. 실제 경험을 통해 배우는 체험 학습이 있고, 이 과정을 도와주는 멘토들이 있다. 약 1년에 걸쳐 드림 프로젝트를 진행하면서 학생들은 스스로 선택하고 자신의 선택에 책임을 지는 법을 배운다. 그 과정에서 부모님들을 포함해서 얼마나 많은 사람의 수고와 보살핌 속에서 그동안 자신들이 학교에 다녔는지를 깨닫고 깊은 감사를 느끼며 겸허한 삶의 태도를 배운다. 또한 삶의 목표를 발견하고 선택함으로써 스스로 자신을 계발하고 성장시키는 열정과 의지를 갖게 된다.

지금까지 1,300명의 학생이 벤자민학교를 거쳐 갔다. 그들은 자라온 배경이나 입학 동기도 다르고, 각자 자신이 선택한 드림 프로젝트에 따라 벤자민학교에서의 경험도 모두 다르다. 하지만 공통점은 자신의 가치를 발견하고 목표를 선택함으로써 더 적극적이고 책임감 있는 사람으로 성장한다는 점이다. 그것이 바로 내가 벤자민학교를 통해서 알려주고자 하는 가치이고, 내가 생각하는 교육의 핵심이다. 나는 벤자민학교의 모든 졸업생이 자신이 발견한 그 가치들을 계속 더 키워가기를 바란다. 벤자민학교의 사례가 교육제도를 개선하는 데 좋은 자극과 실마리가 되어 보다 많은 학생이 자신의 가치를 발견할 수 있기를 희망한다.

공생의 기술

미래를 위한 교육

현재 대부분의 대기업, 특히 테크놀로지 관련 업종들은 신입 사원을 대상으로 1~2년에 걸친 재교육 과정을 운영한다. 대학에서 배운 지식과 기술이 너무 오래된 것들이라 현장에서 적용할 수가 없기 때문이다.

이는 대학만의 사정은 아니다. 초·중·고 교육과정과 내용은 대학보다 변화가 훨씬 더디다. 교육 내용을 최신 정보로 바꾼다 해도 새로운 내용을 전달할 교사들을 재교육하는 문제로 적용이 쉽지 않다고 한다. 그래서 많은 학생이 세계에 관한 이해와 실질적인 지식은 학교 교육이 아니라 인터넷을 통해 습득하고 있다. 이러한 현실은 교육이란 무엇이고, 학생들의 미래를 위해 진정으로 필요한 교육이 무엇인지 질문하게 한다.

나는 교육이 인류의 미래를 평화롭고 지속 가능하게 만들 리더를 양성하는 데 도움을 주는 내용으로 바뀌어야 한다고 생각한다. 그래야 지금의 변화하는 환경 속에서 교육 본래의 역할을 제대로 할 수 있기 때문이다. 다른 사람들과의 공생을 가능하게 하는 인성, 건강한 생활 습관, 자기 가치와 삶의 목표, 지구 감수성과 책임감, 삶을 운영하는 실용적인 지식과 기술이 학교 교육의 기본이 되어야 한다.

인성

나는 학생들의 미래를 위해 가장 중요한 교육이 '인성'이라고 생각한다. 벤자민학교 이름에 '인성'을 넣은 것도 같은 이유이다. 인성은 양심, 친절, 배려, 예절 등 여러 가지 말로 표현될 수 있다. 인성은 말 그대로 풀이하면 인간의 본성이다. 좋은 생활 습관처럼 평생에 걸쳐 한 개인의 삶의 질에 영향을 미치는 가장 기본적인 요소이다. 장기적으로 개인의 성공을 좌우할 수 있는 결정적인 역할을 한다. 모두가 인성의 중요성은 잘 알고 있지만 현재 우리의 교육제도, 가정 문화, 사회 환경은 인성을 교육할 여건을 갖추지 못했고 어떻게 교육할지 잘 알지도 못한다.

인간의 선한 품성에 관한 흥미로운 연구가 있다. 2010년 예일대학의 유아인지센터에서 3~9개월 된 유아들을 대상으로 실시한 연구로, 이 실험에서 아기들은 하나같이 불친절하고 반사회적인 행동보다 친절하고 사회적인 행동을 선호한다는 것이 관찰되었다. 결과는 과학 잡지 〈네이처Nature〉에 게재되었다.

이 실험에서 아기들에게 검은 점 두 개로 눈동자를 표시한 단순한 세모, 네모, 동그라미 나뭇조각을 활용해 간단한 인형극을 보여주었다. 한 장면에서는 빨간색 동그라미가 경사면을 오르려 하고, 노란색 세모가 못 올라오게 아래로 미는 모습을 보여주었다. 다른 장면에서는 똑같은 상황에서 파란색 네모가 빨간색 동그라미의 뒤에서 밀어 올려주는 모습을 보여주었다. 인형극을 본 뒤에 아이들 앞에 나뭇조각들을 보여주었을 때 대부분 파란색 네모를 집어 들었다.

또 다른 실험에서는 고양이 인형이 각기 다른 색 셔츠를 입은 토끼 인형 두 마리와 노는 인형극을 보여주었다. 오렌지색 셔츠를 입은 토끼는 고양이가 공을 던져주자 공을 받아서 다시 고양이에게 던졌다. 반면에 녹색 셔츠를 입은 토끼는 고양이가 공을 던져주자 그 공을 가지고 달아났다. 짧은 인형극이 끝난 후에 아기들에게 토끼 인형 두 마리를 보여주자 모두 오렌지색 셔츠를 입은 토끼 인형을 골랐다. 이 관찰 결과를 본 대표 연구자는 "나쁜 사람과 좋은 사람을 구분하는 능력은 아마도 원래 지니고 태어나는 것 같다."라고 말했다.

이 유아들은 어떤 것이 선이고 악인지 전혀 배운 적도 없고, 친사회적 행동 같은 개념을 이해할 지적인 능력이나 언어 능력도 아직 갖추지 못했다. 그런 유아들이 어떻게 한결같이 친절하고 친사회적인 행동에 명확한 선호를 보여주었을까?

아마도 유아들은 지적인 이해가 아니라 뇌 속에서 만들어지는 느낌을 통해 선호를 선택했을 것이다. 마치 아이들이 기분 좋은 감각에는 웃고, 불쾌한 느낌이 들면 우는 것처럼 도움을 받거나 받아들여지는 느낌과 훼방을 받거나 배척당하는 느낌을 본능적으로 느낀 것이 아닐까 생각한다.

소개한 사례 외에도 인간의 뇌가 공감 능력과 선한 품성을 타고났음을 보여주는 많은 연구 결과가 있다. 이는 보다 포용적이고 온정적인 세계를 만들 큰 가능성을 보여주기에 분명 우리에게 희망이지만, 한편으로는 무거운 책임이기도 하다. 현재 교육은 어떤 뇌를 만들고 있는가? 우리는 교육이라는 이름으로 서로 돕고, 서로에게 친절하고, 함께 어울려 놀기를 좋아하는 아름다운 뇌를 키워주고 있는가, 그 싹을 자르고 있는가?

인성 교육은 인간의 본성이 선하니 그러한 성품을 배양하도록 도와주면 바람직한 인격을 갖게 된다는 믿음에서 출발한다. 인성 교육이 지적인 능력을 키우기 위한 교육과 다른 점이 있다면 모범, 신뢰, 체험, 감화가 교육 효과에 절대적으로 영향을 미친다는 것이다. 교육자와 교육 환경이 좋은 인성의 모델을 보여주지 못하면서 이루어지는 인성 교육은 오히려 반발만 살 뿐이다. 감동 없는 정보 주입이나 경쟁적 평가, 강제하는 인성 교육은 오히려 반대의 결과를 만든다.

건강한 생활 습관

두 번째로 교육에서 강조해야 할 부분은 건강한 생활 습관이다. 성인들은 습관이 자신도 모르는 사이에 어떻게 조금씩 뿌리를 내리는지, 한 번 뿌리 내리면 얼마나 바꾸기 어려운지 잘 알고 있다. 엄청난 의지와 노력으로 나쁜 습관을 바꾸는 데 성공한 사람들도 있다. 반면 평생을 습관의 굴레에서 벗어나지 못하는 자신을 나무라며 살거나 포기한 채 삶의 일부로 안고 살아가는 사람들도 있다.

공생의 기술

가장 기본이면서도 중요한 습관 중 하나가 식습관이다. 미국은 현재 비만율과 당뇨병 발병률이 세계에서 가장 높은 나라이다. 비만이 미국의 중요한 국민 건강 이슈가 된 것은 어제오늘의 일이 아니다. 최근에 대두되고 있는 새로운 이슈는 소아 비만과 소아 당뇨의 급격한 증가 추세이다. 더 심각한 것은 비슷한 상황이 세계 여러 나라에서 공통으로 나타나고 있다는 사실이다. 소아 비만의 증가는 우리나라도 예외가 아니다. 식습관은 비만에 가장 크게 영향을 미치는 요수인에도 건강힌 식습관을 길러주는 것을 주요한 교육 목표로 선택하는 학교는 거의 없는 듯하다.

운동도 마찬가지이다. 인종, 국가, 문화에 상관없이 잘 먹고 꾸준히 운동하는 것만큼 평생 건강에 영향을 미치는 습관은 없다. 나는 청소년 시절에 태권도로 신체를 단련하던 습관이 몸에 밴 덕분에 지금도 항상 몸을 움직이고 틈나는 대로 운동을 한다. 어렸을 때부터 이런 습관을 갖게 된 것에 지금도 감사하게 생각한다. 운동은 육체적인 힘과 활력을 유지하는 데만 도움이 되는 것이 아니다. 우울증이나 치매를 예방하고, 뇌세포의 노화를 낮추고, 새로운 뇌세포의 생성을 도와서 뇌 건강을 유지하는 데도 매우 중요한 역할을 한다. 운동은 젊은 시절 몸짱 만들기에만 도움이 되는 것이 아니라 그야말로 평생 건강에 필수 요소이다. 그런데 아쉽게도 초·중·고등교육 내내 체육 과목은 비중이 작아지고 교육과정에 포함되어 있어도 입시를 위해 변칙적으로 운영하기도 한다.

식습관과 운동 습관 외에도 바른 자세와 숨쉬기 등 평생에 걸쳐 몸과 뇌 건강에 영향을 미치는 중요한 습관들이 있다. 교육과정을 통해 학생들이 바른 생활 습관을 익힐 수 있게 해준다면 시험 보자마자 잊어버리는 지식 정보보다 그들의 인생에 훨씬 큰 도움을 줄 것이다.

자기 가치와 삶의 목표

교육에서 무엇보다 중요한 것은 자신의 가치를 알고 삶의 목표를 찾도록 안내하는 것이다. 벤지민학교 학생들이 성장하는 과정을 지켜보니 많은 청소년이 학교생활을 힘들어하는 까닭이 따로 있었다. 공부가 어려워서가 아니라 공부를 왜 해야 하는지 몰라서였다. 그런데 목표를 선택하고 동기를 찾는 일은 누군가 대신해줄 수 없다. 스스로 해야 한다. 부모님이나 학교 선생님들이 아무리 좋은 목표를 제시해도 본인 가슴에 와닿지 않으면 소용없다.

벤자민학교 학생들은 자기 능력을 계발하고 사회에 긍정적인 기여를 할 수 있는 프로젝트를 스스로 기획하고 실행해나간다. 학생들은 대부분 본인이 평소에 좋아하고 관심을 가졌던 분야에서 프로젝트 아이디어를 찾는다. 프로젝트를 진행해가면서 실제로 그것이 다른 사람과 자신이 속한 공동체에 어떤 영향을 주는지 생생하게 경험한다.

또한 이 과정에서 다른 사람들의 칭찬이 아닌 자기 내면에서 우러나오는 인정과 사랑, 격려를 스스로 느끼는 매우 중요한 경험을 한다. 이는 남을 이기고 시험에서 좋은 성적을 내서 느끼는 우월감이나 성취감과는 다른 느낌이다. 그 느낌의 주체는 평소 내가 알고 있던 나보다 훨씬 자애롭고 성숙하고 사려 깊은 어떤 존재이다.

그러한 느낌이 전해주는 인정은 다른 사람이 해주는 어떤 칭찬보다 강력하고 설득력이 있다. 그것을 받아들이고 그 느낌에 가까워지면서 자신의 참된 가치는 외모나 성적, 경제적 배경 같은 외적인 조건들에 영향받지 않는 절대적인 것임을 알게 된다. 자신이 진심으로 세상을 사랑하고 세상을 널리 이롭게 하고 싶어 한다는 사실을 알게 된다. 그리고 그러한 거룩한 욕구를 실현할 삶의 목표를 선택하게 된다. 자신이 선택한 목표를 실현하기 위해 애쓰는 중에 뇌의 많은 능력이 개발되고 발현되어 단지 품성이 좋은 사람이 아니라 능력 있는 리더로 성장하게 된다. 나는 이것을 내 삶을 통해서도 경험했고, 비전을 품고 일하는 다른 많은 사람에게서도 보았다.

지구 감수성과 책임감

이 책의 4장에서 지구 감수성에 관해 언급한 적이 있다. 지구 감수성은 인간과 지구, 자연환경과의 깊은 정서적 연결을 뜻한다. 자신을 자연의 일부로 느끼고 지구를 자신의 일부로 받아들이는 감각이다. 이 감각을 통해 우리는 마치 내 몸이나 정원을 보살피는 것처럼 지구를 관리하고 보살피는 마음을 갖게 된다.

지구 감수성은 어릴 때부터 기르는 것이 좋다. 가정과 학교에서 이 감각을 깨우고 키울 수 있도록 안내해주어야 한다. 특히 직접 자연을 접하고 자연과 교류하는 기회를 만드는 것이 도움이 된다. 유명한 관광지나 절경을 찾아야 하는 것이 아니다. 동네 공원이나 뒷동산, 집에 딸린 정원이나 텃밭, 가까운 농장에서 충분히 가능한 일이다.

계절마다 피고 지는 꽃이나 나무의 특성을 관찰하고 이름을 알아보는 것, 흙을 직접 파고 만지며 그 속에 어떤 생물들이 사는지 살펴보는 것, 꽃이나 나무를 직접 심고 가꾸는 것, 야채를 길러 수확한 후 요리해서 함께 먹으며 각자의 경험을 나누는 것 등이 모두 훌륭한 체험 교육이다. 이러한 시간은 함께하는 사람들 사이에 더 편안하고 친밀하게 소통할 기회를 만들어준다.

어느 신문에서 읽었던 한 중학교 교사의 이야기가 생각난다. 그의 학생들은 대부분 태어나면서부터 아파트에 살고, 자동차를 타고 마트에 가며, 집-학교-학원을 오가는 생활을 한다. 자연을 가까이서 접할 기회가 거의 없다. 그래서 그는 학생들을 학교 인근의 숲으로 데려가 꽃, 나무, 식물 사진을 찍고 생태를 관찰하는 시간을 정기적으로 가졌다. 그는 열네 살이 되어서야 처음으로 나무가 자신처럼 살아 있는 생명체라는 것을 느끼고 신기해하는 학생들을 보며 놀랐다고 한다.

자연과 친해지는 생태 교육이 우리가 소비하는 자원과 에너지가 지구에 미치는 영향, 지속 가능한 지구를 위한 실천 교육과 함께 이루어질 때 더 큰 효과를 발휘할 수 있을 것이다.

지구 감수성에 관한 교육이 '거짓말하지 말라, 다른 사람의 물건을 훔치지 말라, 친구들과 사이좋게 지내라' 같은 기본 가르침이 되어야

공생의 기술

한다. 어릴 때부터 자연환경을 자기 몸처럼 느끼고 보호하라는 가르침을 받는다면 아이들은 지구에 대한 책임감을 몸으로 실천하는 성숙한 지구시민으로 자랄 것이다. 지구 감수성과 내면화된 행동은 어떤 규칙이나 강제보다 효과적으로 우리가 더 건강하고 지속 가능한 삶을 살도록 안내해줄 것이다.

삶을 운영하는 실용적인 지식과 기술

그다음으로 교육에서 강조하고 싶은 것은 자신의 삶을 책임 있게 운영하는 데 도움을 주는 실용적인 지식과 기술이다. 예를 들면 돈 관리, 감정 조절, 성(性), 커뮤니케이션, 농사, 요리, 자가 치유법 등이 있다.

성숙하고 책임 있는 성인으로 살아가기 위해 기본적으로 관리해야 할 것들이 무엇일까? 나는 그중 가장 중요한 세 가지가 돈, 성, 감정이라고 생각한다. 이 세 가지는 많은 사람이 나이가 들어서도 잘 관리하지 못해 자신뿐만 아니라 다른 사람에게도 피해와 상처를 주기도 한다.

당신은 돈과 성에 대해 어떻게 알게 되었는가? 그 기억이 어떤 느낌으로 남아 있는가? 많은 사람이 이 두 가지를 결핍이나 실패, 상처를 통해 배운다. 그 배움은 대부분 혼자서 이루어지거나 혹은 경험치가 비슷한 또래 간의 대화 속에서 공유되고 학습된다. 물론 삶에서 실패나 상처의 경험을 배제할 수 없고, 그런 경험을 통해 더 신중해지고 더 강해지는 것도 사실이다. 하지만 솔직하고 포용력 있는 환경 속에서 지혜롭고 사려 깊은 멘토링을 받는다면 학생들이 각자의 경험을 더 균형 있게 성찰하면서 성숙해지는 데 도움이 될 것이다.

돈에 관한 교육은 돈을 버는 행위로서 일의 가치, 돈을 벌고 사용하는 것에 관한 사회적 책임, 돈을 관리하고 운영하는 방법인 저축과 투자 등이 포함되어야 할 것이다. 실제로 이러한 개념을 일찍 배운 학생들과 그렇지 못한 학생들이 나중에 경제적 안정에 있어서 큰 차이를 보인다는 통계가 많이 있다. 가령 돈에 관한 교육정책의 하나로, 고등학교를 졸업하면 성인으로서 삶을 시작하도록 도와주는 의미에서 일정 금액의 격려금을 주는 제도를 생각해볼 수 있다. 이것은 우선 학생들이 고등학교를 끝까지 마치도록 하는 데 도움을 줄 수 있다. 만약 이 격려금을 현금이 아니라 투자 계좌 형태로 준다면 책임감 있게 돈을 관리하는 법을 배우게 하는 좋은 성년 선물이 될 것이다.

자신의 감정을 다스리는 법, 상대방의 감정을 다치지 않게 자신의 의견을 전달하는 방법 등은 어른이 되어서도 언제 어디서든 도움이 될 매우 중요한 기술이다. 실제로 사회의 많은 영역에서 장기적으로 성공을 좌우하는 요소는 지식이나 자격증 같은 것이 아니다. 다른 사람과 조화를 이루며 일할 수 있는 공감 능력이나 소통 능력이다.

요리나 농사를 교육하는 목적은 전문적인 요리사나 직업 농부를 양성하기 위함이 아니다. 자신이 먹는 음식들이 어떻게 길러지고 어떻게 준비되는지를 알고, 자기 먹거리를 스스로 준비하고 관리할 수 있는 최소한의 지식과 기술을 갖추게 하려는 것이다. 이러한 능력과

공생의 기술

기술은 건강관리와 개인 비용을 절감하는 데 큰 도움이 되고, 지속 가능한 지구를 만드는 데도 기여한다.

우리는 건강에 사소한 문제만 생겨도 약국을 찾고 병원을 찾는다. 그래서 자신의 건강을 스스로 지키고 간단한 증상은 스스로 치유한다는 것이 낯설게 느껴진다. 우리 몸에는 스스로를 치유하는 놀라운 능력이 있어서 조금만 주의를 기울이고 도와주면 자연스럽게 개선할 수 있는 증상들이 많이 있다. 호흡법, 요가, 기공, 침, 뜸, 지압 같은 자연 건강법을 예로 들 수 있겠다.

이러한 기술들은 쉽고 흥미롭고 매우 실용적이다. 어디를 가든, 어떤 생활 조건에서든 활용할 수 있다. 이러한 기술을 배우는 과정에서 자기 몸과 마음, 인간과 세상에 대한 이해가 깊어진다.

뇌를 잘 쓰는 교육

우리는 휴대전화만 있으면 언제 어디서든 지식 검색이 가능한 시대에 살고 있다. 그렇다고 지식 교육이 불필요한 것은 아니다. 지식이 내 머릿속에 있어서 필요할 때 곧바로 상황에 적용할 수 있는 것과 항상 검색해서 정보를 찾아야 하는 것은 분명히 다르다. 예를 들어, 구구단을 외우고 있어서 언제라도 활용할 수 있는 것과 필요할 때마다 구구단표를 꺼내서 계산하는 것에는 분명 차이가 있다. 또한 지식 자체가 세상에 대한 새로운 이해와 안목을 열어주기도 한다. 수학이나 논리학처럼 지식을 습득하는 과정에서 지식만 누적되는 것이 아니라 사고와 판단이 명료해질 수 있다.

문제는 현재 진행하고 있는 지식 중심의 교육이 과연 안목을 넓히고, 이해력과 사고력, 판단력을 키우는 데 도움을 주느냐는 것이다. 사실 이러한 능력은 교과서에 있는 정보를 암기하는 것보다 현실에서 부딪히는 과제를 해결하는 과정을 통해 훨씬 잘 발달시킬 수 있다. 벤자민학교를 다녔던 한 학생은 자신이 사는 도시 환경을 개선하려고 노력하는 과정에서 환경문제의 원인에서부터 해결 방법에 이르기까지 풍부하고 실용적인 안목과 지식을 갖게 되었다. 다른 한 학생은 드론 조종 자격증을 따기 위해 공부하면서 유체역학, 항공역학, 전기, 엔지니어링에 관해 전문가 수준의 이해력을 갖추게 되었다.

다양한 디지털 기기를 통해서 청소년들은 이미 한 나라만이 아니라 전 세계의 다양한 문화를 접할 수 있는 환경 속에서 살아가고 있다. 지구시민이 될 수 있는 문화적 토대에서 자라고 성장해온 지금의 젊은 세대들은 연결, 공유, 다양성, 개선 존중, 지속 가능성 등의 가치에 그 어느 세대보다 민감하다.

이전 세대들은 MZ세대들을 인내심이나 일관성이 부족하고, 이기적이며, 예의가 없고, 소속감이나 충성심이 없다는 시선으로 바라보기도 한다. 하지만 이런 특성들은 기존의 가치 체계로부터 자유로워지고자 하는 갈망, 지역이나 혈연보다 정서적 공감이나 취향에 따라모이고 흩어지는 개방적인 소속감, 자신의 느낌을 존중하는 솔직함의 표현일 수 있다. 경험 부족에서 오는 설익음이야 당연히 있을 수 있으나 이러한 자세와 사고방식 속에는 앞으로 실현될 지구공동체 시민들에게 필요한 특성들이 포함되어 있다. 이러한 요소들은 기성세대들이 MZ세대에게 오히려 배워야 할 것이다.

MZ세대의 이러한 특성들 때문에 일방적으로 정보를 전달하고 규칙을 강요하는 기존의 교육 방법이 실패하는 경우가 많다. 벤자민학교를 통해 내가 확인한 가장 효과적인 교육 방법은 학생들이 스스로 자신의 목표와 관심에 맞는 드림 프로젝트를 선택하고, 그 프로젝트를 주도적으로 수행할 수 있도록 멘토링을 통해 지원해주는 것이었다. 학생들은 본인이 직접 프로젝트를 기획하고 현실에 부딪히며 실행해나간다. 해당 분야를 잘 아는 전문가의 멘토링을 받지만, 처음부터 끝까지 자신이 책임지고 프로젝트를 완성한다. 이 과정에서 단지 책 몇 권을 읽는 것으로는 얻을 수 없는 실질적인 지식과 기술, 자신감과 책임감, 리더십을 개발할 기회를 얻는다.

교육에 관한 이러한 접근은 결국 인간의 뇌와 뇌 속의 밝은 지혜를 믿고 그것을 찾고 키울 수 있도록 도와주는 것이다. 한민족의 가장 오래된 경전 중 하나인 〈삼일신고三一神誥〉에는 뇌가 가진 본래의 가치와 정신을 표현한 구절이 있다. '자성구자 강재이뇌自性求子 降在爾腦(저마다 본성을 찾아보라. 이미 너희 머리에 내려와 있다)'라는 대목이다. 밝고 밝은 마음, 인성과 양심이 이미 각자의 뇌에 내려와 있다는 것이다.

나는 뇌와 인간의 마음에 관한 이러한 이해와 믿음을 바탕으로 뇌교육을 만들고 널리 전해왔다. 또한 모든 교육은 뇌에 있는 인간의 양심과 창조성을 회복하는 데 기여해야 한다고 믿고 있다. 인간의 참된 가치를 실현하는 교육이 우리나라에서 모범적으로 실시되기를 바란다. 나아가 우리 교육에서 일어나는 변화가 인류 전체의 미래 교육이 나아갈 방향을 보여주는 영감과 등불이 되기를 희망한다.

9

100세 시대를 위한
생애 계획

공생을 실현하려면 모두가 잘되기를 바라는 마음이 있어야 한다. 자신이나 자녀가 잘되기를 바라는 마음은 누구나 가지고 있지만, 모두가 잘되기를 바라는 마음을 누구나 가지고 있는 것은 아니다. 물론 그러한 마음의 씨앗은 누구에게나 있겠지만 그 마음이 다 깨어 있는 것은 아니다.

어린 아기는 먹을 것이 있으면 뭐든 자기 입으로 가져간다. 만일 아기가 배가 고픈데도 먹을 것을 다른 사람에게 먼저 준다면 천성이 착하다고 감탄할 일이 아니라 건강 상태를 점검해봐야 할 것이다. 나이가 들면서 다른 사람을 배려하는 마음이 조금씩 생기지만, 어릴 때는 자기를 중심으로 세상을 바라본다. 그리고 그때는 세상 사람들이 모두 자신을 바라보고 있는 것처럼 행동해도 그다지 흠이 되지 않는다. 성인이 되어 가정을 이루고 가족이 생기면 타인을 보살피고 배려하는 것이 점차 몸에 밴다. 하지만 이때의 타인도 모두를 포함하기보다는 내 가족이 우선이다.

모두가 잘되기를 바라는 마음은 노년기에 꽃을 피운다. 자식들이 장성하여 독립하고 자신을 위해서 굳이 아등바등하며 살 필요가 없을 때 비로소 그 마음이 살아나고 보다 깊어진다. 물론 나이가 그러한 마음을 저절로 가져다주는 것은 아니다. 바른 인성으로 열심히 살아온 사람에게 삶이 주는 선물이다.

나이가 들면 아드레날린, 테스토스테론 등 공격성과 성적 욕구를 자극하는 호르몬의 분비가 줄고 상대방에 대한 유대감, 신뢰, 배려심을 갖게 하는 옥시토신 분비가 늘어난다. 오랜 삶의 경험과 노년기 뇌에서 생기는 이런 변화들이 맞물려 '모두가 잘되기를 바라는 마음'을 만든다. 그런 마음은 자신의 실수나 실패 경험을 후회나 고통스러운 기억으로만 남기지 않는다. 경험을 승화하여 타인의 실수를 너그럽게 받아들이고, 좌절에 빠진 사람에게 격려를 보내며, 호기롭게 도전하는 이들을 진심으로 응원하게 만든다. 그래서 자기 혈육뿐만 아니라 주변의 많은 사람을 포용하고 배려하게 된다.

전통적인 마을 공동체에서는 사람들 사이에 분쟁이 생겼을 때 공동체의 연장자인 노인들이 중재자 역할을 하는 경우가 많았다. 그 이유는 노년기에 꽃을 피우는 '모두가 잘되기를 바라는 마음'이 어느 한쪽으로 치우치지 않고 좋은 결정을 내리게 하기 때문이다. 특별한 지식이나 영적인 각성이 아니라 모두가 잘되기를 바라는 마음이 지혜의 원천이고, 공생 문화를 실현하는 데 매우 귀중한 요소이다.

오래 살 준비가 되었는가?

2020년 기준으로 한국인의 기대 수명은 83세이다. 현재 20·30세대는 100세 시대를 살고, 지금 태어나는 아이들은 120세까지 살 것이라한다. 한국뿐 아니라 세계적으로 100세 시대는 이제 누구나 받아들이는 상식이 되었다. 생활 수준의 향상과 의료 기술의 발전으로 생물학적인 수명은 이렇게 늘어났는데, 정작 우리는 개인적으로나 사회적으로 이러한 장수 시대에 준비가 되어 있는가?

가장 큰 문제는 60세 이후에 닥칠 생산 활동의 갑작스러운 중단이다. 지금 우리는 사회적 활동이 20~60세 사이에 집중된 사회 시스템에서 살고 있다. 60세 전후로 정년을 맞아 경제적 활동을 중단할 경우, 그 이후로도 짧게는 20년에서 길게는 40년의 시간이 남아 있다. 그 시간을 버틸 충분한 경제적 기반을 가진 사람은 소수에 불과하다. 경제 수단을 확보하지 못한 대다수는 국가의 보조와 지원으로 생계를 유지해야 할 형편이다. 경제적으로 여유가 있어서 노년의 빈곤에서 자유롭다 하더라도 외로움과 질병, 치매 같은 퇴행성 질환의 고통은 여전히 남는다. 빈곤과 질병, 외로움 속에서 인간을 인간답게 하는 기억과 정보가 점점 사라지는 삶을 산다면 수명이 100년, 200년이 된다 한들 과연 축복이라 할 수 있을까?

유엔이 발표한 '2022 세계 인구 전망 보고서'에 따르면, 2020년 세계 인구 성장률이 1950년 이후 처음으로 1% 미만으로 떨어졌다. 이 보고서는 세계적으로 노년층 비율이 2022년 10%에서 2050년에는 16%로 증가할 것으로 내다봤다. 특히 중국의 고령화와 생산력 감소가 전 세계적인 경기 불황 상태에서도 물가는 계속 오르는 만성적 스태그플레이션으로 이어질 수 있다는 우려마저 나왔다. 고령화 문제는 지금까지 우리가 경험했던 금융 위기들과는 달리 어떤 단기 처방으로도 대응하기 어려운 충격으로 '은빛 쓰나미'라고도 불린다. 정년 이후에 생산 활동의 기회가 현저히 줄어드는 현재의 시스템이 노년 인구의 삶의 질뿐만 아니라 사회 전체에도 큰 영향을 미친다는 것을 의미한다.

이러한 변화에 우리가 할 수 있는 첫 번째 대응은 개인적인 차원의 준비이다. 고령화 사회를 지원하는 제도와 문화가 성숙하기까지는 시간이 걸릴 것이다. 그래서 그 전에 개인들은 무엇을 준비할 수 있을지 생각해보았다. 나름의 해법을 찾아서 정리한 책이 2017년에 출간한《나는 120살까지 살기로 했다》이다. 개인적으로 건강하고 만족스러우면서 사회적으로도 보람 있는 인생 후반기를 위해 삶의 전 과정을 성찰하고, 인생의 후반기를 어떻게 준비할지에 관한 생각을 담았다. 나는 그 책에서 120세 삶을 60세를 기준으로 크게 둘로 나눠보았다. 삶의 전반기는 성장과 성취에 목표를 두었다면, 후반기는 나눔과

베풂, 내려놓음에 중심을 두어야 한다고 생각한다. 이것은 마치 들숨과 날숨으로 이루어진 호흡과 같다. 120년을 조망하는 긴 안목으로 삶을 성찰하고 계획함으로써 우리는 각자의 삶을 더 균형 있고 충만하게 만들 수 있다.

이와 더불어 우리가 함께 준비해야 할 것이 있다. 청장년기뿐만 아니라 전 생애에 걸쳐 의미 있고 가치 있는 사회적 교류와 기여를 가능하게 하는 사회 제도이다. 사회 전체가 공생의 가치를 추구할 때, 오랜 삶의 경험에서 나오는 지혜와 포용력을 활용할 기회가 그만큼 많아질 것이다.

노년기의 사회적 기여와 교류는 경제적인 차원에서만 볼 일이 아니다. 이는 그 어떤 복지 제도로도 해결해줄 수 없는 삶의 보람과 인격의 성숙 같은 내면적 가치들을 실현할 기회를 제공함으로써 삶의 질을 높여준다. 동시에 공동체의 어른으로서 노인들이 균형 잡힌 시각과 평화로운 갈등 해결의 방안을 제공함으로써 공동체 전체에 도움을 준다. 노인들에게 사회에 기여할 기회를 제공하고, 그 결과를 공동체 전체의 자산으로 활용하는 것은 그 공동체의 성숙도와 건강함을 보여주는 척도이기도 하다. 자애롭고 지혜로운 노인이 되는 것은 각 개인의 책임이지만, 그 사랑과 지혜를 나눌 공간과 기회를 만드는 것은 공동체가 함께 책임져야 한다.

공생의 기술

장수가 축복이 되려면

미국을 비롯한 선진국에서 퇴직한 노령 인구의 생활 보조를 주목적으로 사회보장제도가 실시된 것은 1930년대부터이다. 미국의 경우, 당시 출생을 기준으로 평균 수명이 58~62세였다. 퇴직 연령인 65세를 기준으로 했을 때, 65세까지 살아남은 사람들의 평균 잔여 인생은 13~15년 정도였다. 다시 말해 이 제도가 만들어질 당시 퇴직 연령까지 살아남은 사람들의 평균 기대 수명은 80세가 채 되지 않았다.

이러한 기대 수명을 전제로 20세까지는 양육과 교육을 받고, 20~40세까지는 생산 활동과 저축을 해서 자산을 모으고, 60세에 은퇴해서 저축 소득으로 여생을 보내는 것이 대다수의 인생 사이클이었다. 이 시스템 안에서 각 구간(0~20, 20~60, 60+)에 속한 인구는 그 안에서만 주로 교류한다. 한 번 구간에 들어서면 그 구간이 끝날 때까지 그 틀을 벗어나기가 어렵게 되어 있다.

지금은 100세 시대를 상식처럼 받아들이지만 80세 넘어서 인간으로서의 품위를 유지하며 살 수 있는 개인적 재원도 부족하고, 사회적 시스템도 없다. 60세에 청년기처럼 육체적 활동은 할 수 없어도 정서적 성숙과 지혜로 사회에 많은 도움을 줄 수 있다. 그러나 현재의 시스템에서는 이러한 포용력과 지혜가 사회적 자산으로 활용되지 못한 채 버려지고 있다. 노후 문제는 생존을 지원하는 복지 차원에서만 해결할 수 없는 일이다. 경제적인 문제만이 아니기 때문이다. 더 중요한 것은 품위 있고 보람 있는 삶을 사는 것이다. 평균수명 100세, 인생은 60부터가 현실인 시대에 맞는 생애 계획과 사회 지원 시스템이 나와야 한다.

나이를 떠나서 신 생애에 걸쳐 사회적으로 다양한 계층의 구성원들을 만나 교류하고 배우고 기여할 기회를 얻는 것은 삶의 존재 가치를 발견하고 실현하는 데 큰 도움이 된다. 나는 그것을 벤자민학교를 거쳐 간 많은 학생의 변화를 통해서 확인할 수 있었다. 학생들은 재학하는 동안 본인이 선택한 프로젝트를 진행하면서 봉사 활동이나 멘토링을 통해 다양한 연령대, 직업군, 사회계층 사람들과 교류할 기회를 얻는다. 그러한 경험은 동종 집단 내에서는 하기 어렵다. 예를 들면 노인들은 어린 학생들에게 자기 경험들을 들려주고 학생들은 노인들이 혼자서 하기 어려운 일들을 도와주면서 서로를 통해 배우고 성장할 수 있다.

무엇보다 지구 환경 자체가 100세까지 연장된 수명을 유지할 수 있을 만큼 건강하게 균형을 회복해야 한다. 그리고 성숙한 노년에서 추구할 수 있는 정서적 포용력, 지혜 등을 사회의 중요한 가치로 인정해야 한다. 또한 그러한 가치들이 다른 세대에게 전달되어 실질적으로 삶의 질을 높이는 데 기여할 수 있는 문화가 필요하다. 그러한 문화를 뒷받침해주는 평생교육의 기회나 복지 제도와 같은 물질적인 조건도 필요하다. 장수가 축복이 되는 사회는 개인의 운이나 노력의 결과가 아니라 사회의 모든 시스템이 함께 어우러졌을 때 만들어 낼 수 있는 결과이다.

건강하고 보람 있는
노후를 위한 제안

제도적이고 시스템적인 변화는 개인의 노력으로 이루어지는 것이 아니기 때문에 시간이 필요하다. 하지만 노년에 관한 인식 전환과 공감대 형성은 지금 바로 시작할 수 있다. 남은 절반의 삶을 사회에 공헌하고 인류에 기여하는 의미 있는 활동으로 채우겠다는 계획은 당장이라도 세울 수 있다. 이러한 생각을 공유하며 서로에게 영감을 주는 문화와 공감대를 만드는 것은 선택하기만 하면 지금 바로 할 수 있다.

이러한 선택의 시작으로 자신의 기대 수명을 정해보기 바란다. 수명을 우리가 마음먹은 대로 조절할 수는 없지만 스스로 자신의 기대 수명을 선택하는 것에는 여러 이점이 있다.

첫째, 건강을 더 잘 관리할 수 있다. 누구도 병으로 골골하며 다른 사람에게 보살핌을 받아야 하는 상태로 100살, 120살까지 살기를 원하지는 않을 것이다. 스스로 기대 수명을 선택함으로써 자신의 생활 방식에 더 관심을 가지고 건강한 식습관, 생활 습관, 마음 자세 등을 기르기 위해 보다 적극적으로 노력하게 될 것이다.

공생의 기술

둘째, 장기적인 생애 계획을 세울 수 있다. 60~70세에 은퇴하고 나면 그 이후의 삶은 덤인 것처럼 그냥 사는 것이 아니라 평생 추구할 성장과 자아실현의 목표를 가지고 사는 것이다. 이로써 60세 이후 인생의 후반기는 쇠퇴기가 아니라 전반기의 다양한 사회 경험을 밑거름 삼아 더욱 성숙한 모습으로 완성해가는 인생의 황금기로 만들 수 있다.

셋째, 더 바르고 현명한 판단을 할 수 있다. 현재 내가 하는 선택의 결과를 긴 안목으로 지켜봄으로써 눈앞의 이익이 아니라 오래 지속될 영향과 결과까지 고려하게 된다. 이러한 태도가 자신과 다른 사람 모두에게 도움이 되는 좋은 선택을 하도록 이끌어줄 것이다.

건강하고 보람 있는 노후를 위해 필요한 네 가지를 제안한다.

친밀한 인간관계

하버드 의과대학에서 진행한 성인 발달에 관한 흥미로운 연구가 있다. 이 연구의 목적은 장기적으로 삶의 질, 건강과 장수에 영향을 미치는 가장 중요한 요소가 무엇인지를 찾는 것이었다. 참가자 268명을 대상으로 1938년에 시작해서 80년에 걸쳐 진행한 이 연구는 역사상 가장 긴 연구로도 유명하다. 이 연구가 찾은 결론은 무엇이었을까?

장기적으로 삶의 질과 장수에 가장 큰 영향을 미치는 요소는 경제력도 사회적 성공도 아니었다. 그것은 친밀한 인간관계였다. 외로움이 흡연이나 음주만큼이나 건강을 위협한다는 연구를 비롯해 비슷한 결론을 보여주는 연구는 많다.

당신의 인간관계는 어떤가? 평소 친밀한 인간관계를 위해 어떤 노력을 하고 있는가? 다음의 세 가지 질문이 인간관계를 돌아보는 데 도움을 줄 것이다.

- 한밤중이라도 슬픔이나 아픔을 함께 나눌 수 있는 누군가가 있는가?
- 가끔은 마음 편히 우스꽝스러운 행동을 해도 괜찮은 누군가가 있는가?
- 나를 이상하게 생각하지 않을까 하는 걱정 없이 내 생각을 솔직하게 이야기할 수 있는 누군가가 있는가?

세 가지 질문에 한 개라도 '그렇다'라고 답할 수 있으면 당신은 축복받은 사람이다. 이 세상에는 아픈 상처를 그 누구와도 나누지 못하고 혼자 끌어안고 씨름하는 사람들이 많다. 가장 개인적인 관계 속에서도 항상 다른 사람들에게 좋게, 혹은 착하게, 강하게, 똑똑하게, 예쁘게 보이기 위해 긴장을 늦추지 못하는 사람들이 많다. 다른 사람의 평가와 판단이 두려워 속마음을 털어놓지 못하는 수많은 사람이 있다.

그런데 위 질문에 '그렇다'라고 답할 수 있는 누군가가 있다면 그 사람에게 진심으로 감사하자. 그 관계를 잘 유지하는 데 정성과 노력

공생의 기술

을 쏟자. 그 관계에서 얻는 힘과 위안과 기쁨은 당신의 몸과 마음을 질병으로부터 지켜주고 건강하고 만족스럽게 100세 시대를 살아가도록 도와줄 것이다.

긍정적인 사고와 정서

긍정적인 생각과 감정이 특히 노년의 심신 건강에 얼마나 큰 영향을 미치는지 보여주는 흥미로운 실험이 있다. 이 실험은 하버드대학의 심리학과 엘렌 랭거 박사가 1979년에 주도한 '시계 거꾸로 돌리기 연구' 프로젝트의 일부였다.

70~80대의 노인들 두 그룹이 실험에 참여했다. 참가자들은 그룹별로 여덟 명씩 일주일간 워크숍에 참여했는데 워크숍 환경은 22년 전과 같은 모습으로 꾸며졌다. 한 그룹은 워크숍 내내 22년 전을 회상하면서 좋았던 기억을 떠올려보라는 안내를 받았다. 다른 그룹은 단지 기억을 회상하는 것이 아니라 마치 22년 전으로 되돌아간 것처럼 생각과 말과 행동을 해보라는 안내를 받았다.

워크숍이 끝난 후 연구자들은 실험 참가자들을 대상으로 몇 가지 테스트와 측정을 하였다. 두 그룹의 워크숍 참가 전후의 상태를 각각 비교하고, 어떤 차이가 나는지도 비교하였다. 두 그룹 모두 워크숍 전보다 생리적으로 더 젊어져 있었다. 그런데 흥미롭게도 두 그룹 중 22년 전으로 돌아간 것처럼 사고하고 행동한 그룹이 훨씬 더 젊어졌다. 이 그룹은 단지 생리적인 기능만이 아니라 키, 몸무게, 자세 등 물리적인 신체 상태가 달라져 있었다. 골격이 펴지면서 키가 커졌고, 관절이 유연해졌으며, 관절염이 사라지면서 손가락이 반듯해지고 길어졌다. 시력과 청력이 개선되었고, 기억력도 좋아졌다. 신체 나이 자체가 되돌려진 것이다. 연구자들은 "우리는 이 노인들과 축구했다. 노인 중 몇 사람은 지팡이를 던져버렸다"라고 기술했다.

기분이나 감정 상태가 달라지는 것은 뇌 가소성이나 호르몬 변화로 설명이 가능하다. 하지만 이처럼 물리적인 신체 조건이 달라지는 것은 뇌 가소성이나 일시적인 호르몬 변화로는 설명이 불가능하다. 세포 재생과 같은 유전자 수준에서 변화가 일어나야 한다. 이 실험은 그런 의미에서 생각이나 감정, 행동의 변화가 갖는 영향력이 얼마나 크고 강력한지를 보여주었다.

생각이나 감정은 일종의 습관이다. 일정한 패턴을 반복한다. 그 패턴이 건강하지 않고 자신에게도 다른 사람에게도 도움이 되지 않는다면 바꾸는 것이 바람직하다. 마치 폭식이나 과식처럼 안 좋은 식습관을 바꾸는 것처럼, 자신에게 도움이 안 되는 생각이나 감정의 패턴을 인지하고 바꾸려는 노력이 필요하다.

생각과 감정을 바꾸는 방법에는 여러 가지가 있다. 운동이나 산책같은 동적인 방법도 있고, 호흡이나 명상 같은 정적인 방법도 있다. 자신이 원하지 않는 생각이나 감정의 패턴 속에 빠져들었다는 것을 알아차렸을 때는 그 안에 머물지도, 생각이나 감정을 바꾸려고 애쓰지도 마라. 차라리 벌떡 일어나 기지개를 켜고 스쿼트를 하거나 손을 비벼 열을 내서 얼굴과 전신을 쓸어내려라. 이렇게 몸을 움직여서 에너지를 바꿔주는 것이 훨씬 효과적이다.

그러한 동작 중에 아주 간단하면서도 효과적인 것이 웃음이다. 많은 실험에서 그저 웃는 표정을 짓는 것만으로도 불과 20~30초 만에 뇌 속의 호르몬 분비가 달라지는 것이 확인되었다. 이유를 따지지 말고 입꼬리를 올려 미소를 지어보자. 미소 짓는 그 자체를 명상이라 생각하고 적어도 1~2분 이상 유지해보자. 그 상태에서는 부정적인 생각을 하거나 부정적인 감정을 유지하기 어렵다는 것을 알게 될 것이다.

스트레스로 부정적인 생각과 감정이 머리에 가득 찬 상태라면 어떤 말이나 행동을 하기 전에 심호흡을 딱 세 번만 해볼 것을 권한다. 심호흡을 세 번 하는 사이에 에너지가 바뀌고 생각과 감정이 바뀌어 나중에 후회하게 될 말이나 행동을 하지 않도록 도와줄 것이다.

생각이나 감정은 그냥 지나가는 것 같으나 부정적인 생각과 감정이 뇌를 차지할 때마다 흔적을 남긴다. 그 흔적들이 쌓여 우울증을 유발하고, 기억력을 떨어뜨리고, 퇴행성 뇌질환을 일으키기도 한다. 시골에 사는 장수한 노인들에게 장수 비결이 뭐냐고 물으면, "뭐 특별히 한 게 없는데" 하면서 웃는 경우가 많다. 오래 살기 위해서 특별한 뭔가를 하지 않아도 사소한 것에 감사하고 기뻐하며 모든 것을 긍정적으로 받아들이는 그 마음이 특별한 것이다.

충분한 신체 활동

운동이 건강에 얼마나 좋은 영향을 미치는지는 누구나 잘 알고 있다. 그런데 운동이 뇌 건강에도 지대한 역할을 한다는 것을 알고 있는가? 운동이 세포의 노화를 늦춰 퇴행성 뇌질환을 예방하고, 뇌세포 재생에 도움이 된다는 사실이 밝혀졌다. 몸을 많이 움직이는 유산소운동이나 근육운동만 도움이 되는 것이 아니다. 호흡이나 명상을 비롯한 이완 운동도 뇌에 효과적이다. 유산소운동은 뇌를 자극하여 산소 공급을 늘리고 뇌세포를 활성화하는 데 도움을 준다. 근육운동은 기억력을 유지하고, 자신감이나 의지력을 키우는 데 도움을 준다. 이완 운동은 스트레스 반응을 줄이고 긍정적인 감정을 갖도록 도와준다.

미국의 최고 의료 기관으로 꼽히는 메이요 클리닉의 제임스 레빈 박사는 〈LA타임스〉와의 인터뷰에서 다음과 같이 말했다. "의자에 오래 앉아 있는 습관은 흡연보다 더 위험하고, 이로 발생한 사망자가 에이즈(HIV)로 죽는 사람보다 많다. 의자가 우리를 죽인다." 레빈 박사에 따르면, 미국 사람들 대부분이 깨어 있는 시간의 절반 이상을 의자에서 보낸다고 한다.

운동을 한다고 해서 헬스장에 가서 운동기구를 사용해야 하는 것은 아니다. 일단 일어나 몸을 움직이는 것이 중요하다. 하루 30분 정도 산책하기, 앉았다 일어서기, 팔굽혀펴기도 좋은 운동이다. 중요한 것은 일상생활 속에서 틈틈이, 최대한 자주 몸을 움직이는 것이다. 가능하면 1시간에 한 번씩, 단 1분이라도 몸을 움직이자. 그 1분이 당신

공생의 기술

의 뇌와 몸이 100세, 120세까지 활력과 건강을 유지하는 데 그 무엇보다 큰 도움을 줄 것이다.

가치 있는 삶의 목표

'명확한 삶의 목표가 있는가?'라는 질문은 흔한 인생 조언 같아 진부하게 들릴 수도 있다. 그런데 사실 삶의 목표가 있느냐 없느냐는 인생에서 성취의 차이를 만드는 가장 중요한 요소이다. 아마도 그 차이는 개인적인 능력이나 환경으로 만들어진 결과보다도 클 것이다. 내 경험을 통해서도 확인했고, 여러 연구 결과를 통해서도 확인했다.

'삶의 목표가 무엇인가?' 당신은 이 질문을 언제 자신에게 처음으로 던져보았는가? 가장 최근에 이 질문에 대해 생각해본 것은 언제였는가? 지금 바로 답을 한다면 뭐라고 하겠는가? 인간의 뇌는 마지막 숨을 거두는 순간까지 변화한다. 삶의 최종 산물로 남는 것은 경험의 총합으로서 살면서 우리가 얻는 삶에 대한 이해와 통찰, 그리고 느낌이다. 그렇기에 우리 가슴에 느낌이 있고 뇌가 활동하고 있는 한 너무 늦을 때란 없다. 삶의 의미를 완전히 뒤바꿀 수 있는 큰 자각은 어느 순간에든 찾아올 수 있다. 그러므로 당신이 현재 삶에서 얼마나 많은 혹은 적은 성취를 이루었는지에 상관없이 다시 한번 이 질문을 던져보고 목표를 분명히 할 것을 권한다.

우리는 보통 목표를 정할 때 자신이 가장 원하는 것이 무엇인지를 질문한다. 많은 사람이 그렇게 정한 목표를 이루기 위해 옆도 뒤도 돌아보지 않고 달린다. 그렇게 해서 원하는 목표를 달성했는데도 왠지 마음이 허전하고 삶을 허비했다는 느낌이 들기도 한다. 그런 허전함을 피하고 싶다면 내가 가장 원하는 것이 무엇인지를 묻기 전에 다음 두 가지 질문을 먼저 해보자. 후회하지 않을 삶을 사는 데 도움이 될 것이다.

첫 번째 질문은 3장에서 소개했던 '내가 이 삶을 마쳤을 때 어떻게 기억되기를 원하는가?'이다. 이 질문은 에고보다 더 깊은 곳에 있는 근원적인 욕구가 무엇인지 찾는 데 도움이 된다. 지금껏 어떤 삶을 살아왔든, 자기 자신을 어떤 사람이라 평가하든 대부분은 세상을 위해 뭔가 기여한 사람으로 기억되기를 원한다. 인간의 내면에는 이기적인 본능보다 더 깊은 곳에 세상을 위해 뭔가 좋은 일을 하고 싶다는 홍익의 본능이 자리하고 있기 때문이다.

두 번째 질문은 '내가 목표를 이루었을 때 어떤 느낌이 들었으면 좋겠는가?'이다. 이 질문은 우리가 삶의 중요한 선택을 할 때 잡다한 생각에서 벗어나 단순하고 직관적인 느낌을 따르도록 도와준다. 우리는 실제로 성취를 느낌으로 최종 검증하기 때문에 느낌의 안내가 도움이 된다. 당신에게 구체적인 삶의 목표가 있고, 노력 끝에 목표를 실제로 이루었다고 해보자. 당신이 다른 사람들과 크게 다르지 않다면 외형적인 성취만으로 삶의 목적을 다 이루었다고 받아들이지 않는다. 대개는 가슴의 느낌을 통해 확인한다. 만약 가슴에 별 느낌이 없고 만족감이 들지 않으면, 이것이 아니었나 생각하며 '그렇다면 내가 정말로 원하는 것이 뭐지?'라고 다시 묻게 될 것이다. 그러니 어떻

공생의 기술

게 느끼고 싶은지를 먼저 물어보라는 것이다.

　충족감, 자신감, 긍지, 떳떳함, 후회 없음 등 당신이 원하는 어떤 느낌이 있을 것이다. 그 느낌을 확인한 다음에 무엇이 자신에게 그러한 느낌을 줄 것인지 다시 질문하는 것이다. 당신이 정말로 원하는 것은 자신이 원한다고 혹은 원해야 한다고 생각하는 것과 다를 수 있다. 정말로 당신을 행복하게 하고, 충족감을 줄 수 있는 것은 생각보다 가까운 곳에 있을지도 모른다.

　자신이 원하는 느낌을 구체적으로 표현하는 말은 사람마다 다를 수 있지만, 그것들을 다 담을 수 있는 포괄적인 단어를 찾는다면 아마도 '완성'이 가장 가까울 것이다. 완성은 넘치지도 모자라지도 않으며, 후회도 여한도 없다. 그 안에는 자신에게 주어졌던 삶의 기회에 대한 감사, 삶 속에서 만난 모든 사람에 대한 사랑과 축복, 남은 여정에 대한 두려움 없는 기대가 있을 것이다. 당신이 완성의 느낌에 이르렀을 때, 삶의 마지막에 남는 것은 그저 입가에 보일 듯 말 듯 한 미소뿐일지 모른다. 하지만 그 미소가 당신의 삶을 총체적으로 말해 준다.

　자기 계발과 성공뿐만 아니라 내적으로 완성을 추구한다면 훨씬 균형 잡히고 충만한 삶을 살 수 있을 것이다. 이러한 삶을 통해 얻은 경험과 통찰은 보다 많은 사람을 완성이라는 목표로 이끌고, 사회 전체적으로 공생의 문화를 발전시키는 데 기여할 것이다.

삶의 완성으로서의 죽음

모두가 인정은 하면서도 받아들이고 싶지 않은 아주 불편한 진실이 죽음이다. 불편하기에 덮어두고 싶지만, 우리 삶에서 죽음만큼 확실하게 보장된 것도 없다. 더 정확히 말하면 변화와 불확실성으로 가득한 우리 삶에서 유일하게 보장된 확실성이 죽음이다.

따라서 죽음을 대하는 우리의 태도가 모순적일 수밖에 없다. 그렇게 확실한데도 마치 그것이 존재하지 않는 것처럼 생각하고 행동하기 때문이다. 그 존재를 잊어버리고 덮어두기 위해 죽음에 관한 대화나 정보를 대부분의 일상생활에서 터부시한다. 죽음은 보통의 사람이 다루는 것이 아니라 종교적 권위를 지닌 특별한 사람만 다룰 수있는 것으로 인식해 왔다. 죽음은 누구나 경험하는 가장 중요한 생애 최대 이벤트임에도 불구하고 관련한 안내도 교육도 없다. 과학기술이 고도로 발전했어도 특이하게도 죽음에 관한 생각은 여전히 종교적 권위 아래 머물러 있다.

우리 중 누구도 물건을 고르듯이 자신의 환경을 선택해서 태어난 사람은 없다. 태어나서 만난 삶의 조건들은 좋든 싫든 그냥 주어진 것

공생의 기술

이다. 하지만 죽음은 다르다. 내가 어떠한 상태로, 어떤 마음으로 죽음을 맞이할지 선택할 수 있다. 아직도 많은 문화권에서 일반적으로 받아들이지는 않지만, 나는 원한다면 죽음의 방식과 시기까지도 스스로 선택할 수 있어야 한다고 생각한다. 앞으로 자연 수명과 생명 자체를 바라보는 생각과 태도에 많은 변화가 있을 것이다.

삶을 선물이라 할 때, 그것은 삶의 시작만을 의미하지 않는다. 삶의 시작과 끝을 포함하는 종합 선물 세트이다. 시작이 선물이면 끝도 선물이다. 시작은 반기고 축하하면서 끝은 두렵고 피해야 할 그런 것이 아니다. 삶이 아무리 고단하다 할지라도 마침내 모든 짐을 내려놓고 자유로워지는 그 끝은 반드시 온다. 삶이 아무리 달콤하고 아름답게 보일지라도 화려한 착각과 집착에서 벗어나 사물을 바르게 볼 수 있는 끝이 있다. 비록 헤어짐의 고통과 슬픔이 있을지라도 죽음은 떠나는 사람에게도 남은 사람에게도 치유와 자각, 자유의 기회를 열어 준다. 그렇기에 죽음은 생명체에게 재앙이 아니라 선물이고, 권리이며, 기회이다.

삶의 완성으로서의 죽음은 육체적 건강이나 사회 복지 제도만으로는 만들어지지 않는다. 삶에 관한 보다 근원적인 통찰과 이해를 포함하는 영적인 각성이 뒷받침되어야 한다. 그러한 영적인 각성은 생명을 육체에 국한한 대사 작용이 아니라 모든 존재를 아우르는 거대한 에너지의 순환으로 이해하는 데까지 의식을 확장한다.

살아 있는 동안 자기 존재의 뿌리를 알고, 육체를 가지고 사는 이 삶이 생명의 장대한 흐름의 일부라는 것을 받아들인다면, 우리 생명이 태어나고 죽는 것에 상관없이 영원하다는 이해에 이른다. 이러한 자각을 바탕으로 사는 동안 내면의 빛과 사랑, 양심과 자비심을 따라 진실을 지키고 다른 생명을 이롭게 하고자 노력했다면 삶의 끝에 맞는 죽음은 영광이고 축복이다.

10

생명의 가치를
존중하는
테크놀로지

나이로 보나 취향으로 보나 나는 다분히 아날로그적인 사람이다. 호흡이나 에너지 감각, 머리는 시원하고 배는 따뜻한 수승화강 상태 등 내가 평소 사람들에게 강조하는 대부분이 아날로그적 감성과 접근에 바탕을 두고 있다. 나는 교육을 할 때나 사업을 할 때나 직접 사람을 만나 소통하는 것을 그 무엇보다 중요하게 생각해왔다.

그러던 내가 팬데믹으로 어느 날 갑자기 사람들을 전혀 만날 수 없게 되자 마치 손발이 꽁꽁 묶이는 것 같았다. 한 공간에서 함께 몸을 움직이고 에너지를 주고받을 수 없는데 사람들과 어떻게 교류해야 한다는 말인가? 막막하기만 했다. 팬데믹이 장기화하자 다른 사람들과 마찬가지로 나 또한 대면 프로그램이었던 워크숍과 명상여행을 온라인으로 바꾸었다. 화상 미팅이야 팬데믹 전부터 익숙해져 있었지만, 워크숍이나 명상여행을 온라인으로 진행하는 것은 처음이었다.

직접 얼굴을 맞대고 대화하고 교감하는 데서 오는 친밀감과 연대감은 기대하기 어려울 것이라 짐작했다. 하지만 그런 우려는 기우에 불과했다. 익숙해지는 데 약간의 시간이 필요했지만, 온라인에서 서로의 경험을 나누고 연결하는 데는 아무런 어려움이 없었다. 화면을 통해서도 참가자들의 호흡과 에너지 상태를 느낄 수 있었고, 서로의 기쁨이나 고통에 공감할 수 있었다. 삶의 진정한 의미와 목적을 찾으려는 그들의 간절한 마음과 열정도 고스란히 느낄 수 있었다. 온라인에서의 만남이 어떤 의미에서는 대면보다 효과적이고 강력하기도 했다. 시간과 공간에 제약받지 않고 수많은 사람이 서로 연결되어 같은 경험을 공유할 수 있기 때문이다. 결국 중요한 것은 서로의 마음이었다. 마음이 통할 수 있으면 디지털이든 아날로그이든 문제가 되지 않았다. 마음이 통하면 지금의 놀라운 통신 기술과 기기들은 훨씬 효과적으로 소통할 수 있게 해준다. 반면에 마음이 열려 있지 않고 이어져 있지 않으면 최첨단 통신수단도 무용지물이다.

현재 사람들 사이의 소통 수준을 보여주는 지표는 사용한 데이터양이 아니다. 데이터양으로 보자면 지금 우리는 10년 전보다 10배, 100배는 서로 잘 통해야 하지만 사실은 그렇지 못하다. 불통, 편견, 배척, 왕따는 여전히 우리 삶 속에 존재한다. 사람과 기기, 기기와 기기들을 서로 연결하는 기술을 통칭해 '연결성(connectivity)'이라 부른다. 그런데 기술이 사람들을 연결할 수 있는 환경은 만들어줄 수 있지만 사람들의 마음을 실제로 이어주지는 못한다. 소통 기술만이 아니라 다른 모든 기술도 마찬가지이다.

많은 신기술이 목표로 하는 것은 지금 하는 일을 '더 빠르게, 더 많이, 더 편리하게' 해내는 것이다. 신기술이 생산 효율성을 높이고 비용을 절감한다고 말하지만, 지구 전체적으로 보면 더 많은 폐기물과 낭비를 가져오는 것이 현실이다. 물론 탄소 배출량을 줄이고 자원 재활용률을 높이는 새로운 기술들도 많이 개발되고 있다. 하지만 이러한 기술의 도움을 받으며 삶의 방식을 기존대로 유지한 채, 단지 뒤처리만 좀 더 개선하는 것으로는 현재의 위기 상황을 해결할 수 없다. 달라져야 할 것은 우리의 마음이고, 선택이고, 실천이다.

4차 산업혁명의 도전

2016년 3월에 구글이 개발한 인공지능 바둑 프로그램인 알파고와 세계 바둑챔피언인 이세돌 기사의 대결이 펼쳐졌다. 이 세기적인 대결은 많은 사람의 기대와는 달리 4대 1이라는 인공지능의 압도적인 승리로 끝났다. 대국의 결과는 많은 사람에게 충격이었고 인류의 미래에 관한 우려 섞인 예측을 낳았다. 그 이후 인공지능은 우리의 일상에서 점점 더 많은 영향을 미치고 있다. 과학 연구 분야만이 아니라 온라인 쇼핑, 소셜 미디어를 비롯해 삶의 거의 모든 영역에 들어오면서 우리 삶을 폭넓게 변화시키고 있다.

인공지능의 등장과 함께 4차 산업혁명은 큰 화제가 되었다. 최첨단 기기를 디자인하는 엔지니어나 연구실 과학자들뿐만 아니라 일반 주부들까지도 관심이 뜨겁다. 어느 날 TV에서 '4차 산업혁명 시대, 내 아이에게 무엇을 가르쳐야 하는가'라는 주제로 주부를 대상으로 프로그램을 진행하는 것을 보았다. 4차 산업혁명이 자녀교육에서 얼마나 큰 화두인지 실감할 수 있었다.

1차 산업혁명은 증기기관의 발명에 기초한 기계화 혁명이었고,

2차 산업혁명은 석유와 전기 등 새로운 에너지원을 활용한 대량생산 혁명이었다. 3차 산업혁명이 컴퓨터의 도입을 통한 정보화 혁명이라면, 현재의 4차 산업혁명은 컴퓨터의 기능을 사람에 더 가깝게 하고 사람의 지적인 기능을 대체하는 지능화 혁명이라고 할 수 있을 것이다.

스스로 학습하고 판단하는 인공지능, 컴퓨터만이 아니라 거의 모든 기기와 도구를 연결하는 사물인터넷, 이렇게 연결된 시물 간에 실시간 교류를 가능케 하는 초고속 통신망, 슈퍼컴퓨터로 몇백 년 걸릴 계산을 단 몇 분 안에 처리하는 양자 컴퓨터 기술 등이 4차 산업혁명을 주도하고 있다.

1~3차 산업혁명을 거치면서 인간의 생산 능력은 급속도로 증가했고, 이를 통해 물질적인 풍요를 누리게 되었다. 한편 사회적 불평등과 환경 파괴를 비롯한 인류 전체의 복지와 생존을 위협하는 심각한 문제들도 생겨났다. 아직 이러한 문제들을 해결하지 못한 상태에서 급속도로 발전하고 있는 4차 산업혁명은 우리에게 새로운 차원의 도전을 던지고 있다.

미디어 기술이 사람들의 선택에 미치는 영향은 미국 대통령 선거를 통해 이슈가 되었고, 여전히 많은 사람이 우려하고 있다. 인공지능을 장착한 인간형 로봇 휴머노이드의 사용이 점점 가시화되면서 안전 위협과 취업 기회의 감소 등 많은 우려가 제기되고 있다. 휴머노이드 개발 분야의 선두 주자인 테슬라의 CEO 일론 머스크는 이 로봇은 주로 "단순하고, 반복적이고, 지루하고, 위험한 일들"에서만 인간을 대체하게 될 것이라고 말했다. 하지만 지금 인공지능은 단순하고, 반복적이고, 지루하고, 위험한 일만 하는 것이 아니다. 시를 쓰고, 그림을 그리고, 작곡도 한다. 그들이 그린 그림이 실제로 예술품 시장에서 판매되고 있다. 또 사람과 거의 구분이 안 되는 가상 인간이 많은 기업의 광고 모델로 활동하고 있다. 이러한 기술이 실제 인간과 비슷한 외양이면서 훨씬 우월한 기능을 수행할 수 있는 로봇 신체와 결합한다면, 반드시 인간이 해야 하는 일로 남을 직업이 얼마나 될까?

이미 많은 사람이 개인적인 시간을 사람과 보내기보다 디지털 미디어와 더 많이 보낸다. 만일 사적인 삶의 영역에 휴머노이드가 도입된다면 우리 삶은 앞으로 얼마나 '인간적인' 상태로 남게 될까?

앞의 사례들은 기술이 우리 삶에 얼마나 다양한 방식으로 영향을 미치는지 잘 보여준다. 이들의 공통점은 독점자본과 기술이 막강한 권력을 가지고 사람들을 지배하며 영향력을 행사한다는 것이다. 또한 기술의 발달로 인간의 지위에 변화가 생긴다는 것이다. 소수가 자본과 기술을 독점할 때 생길 수 있는 부정적인 영향에 많은 사람이 우려의 목소리를 내고 있다. 하지만 그들의 힘은 이를 규제하기 위한 법이나 규정을 만드는 것보다 훨씬 빠른 속도로 커지고 있다.

정보와 기술의 독점과 정보 접근의 불평등성은 이미 모든 사람이 경험하는 현실이다. 더 나아가서 맞춤 정보를 통한 의식의 통제, 알고리즘과 인공지능에 의존하면서 발생하는 자율성의 상실도 마찬가지이다. 그 밖에 생산 과정의 인공지능화로 노동 기회의 상실, 개인의 의식과 행동을 완전히 통제하는 디지털 독재에 이르기까지 4차 산업혁명이 가져올 수 있는 가능성들은 참으로 우려스럽다.

물론 기술의 미래는 정해져 있지 않다. 우리 앞에는 희망적인 가능성도 열려 있다. 우리는 4차 산업혁명을 통해 세계적인 차원에서 생산과 소비의 최적화를 실현할 수 있다. 이를 통해 생태발자국을 최소화하면서 모든 사람이 인간의 존엄성을 지키며 풍요롭게 살 수 있다. 모든 사람이 생존을 위한 노동에서 자유로워져 본인이 원하는 활동을 통해 자신의 가치를 실현하고 사회에 기여할 수도 있다. 더불어 질병과 통증을 걱정하지 않고 연장된 생명으로 삶을 충분히 경험하고 즐길 수 있다.

이처럼 4차 산업혁명은 오직 상상 속에서나 가능했던 이상적인 삶을 실현할 수 있는 물질적인 조건과 기술적인 수단을 제공한다. 또한 모든 사회적 불평등과 환경 파괴를 극복하고 조화롭고 건강하고 풍요로운 지구 공동체를 만들 수 있는 전례 없는 기회를 제공하고 있다. 동시에 이러한 기대와는 정반대로 우리가 하나의 종으로서 지구상에 더 이상 존속하지 못하는 위기를 초래할 수도 있다. 인류 역사상 이만큼의 가능성과 위험, 이만한 무게의 책임을 동시에 떠맡은 세대는 일찍이 없었다.

우리는 스스로를 호모 사피엔스, 지혜의 인간이라고 부르지만 정말로 '지혜'가 다른 어떤 것보다 인류를 특정 짓는 조건인지 아직 확정적으로 말할 수 없다. 인류의 지능이 뛰어난 것은 분명하지만 그것이 선물이 될지 재앙이 될지 두 가능성이 동시에 열려 있기 때문이다. 지능이 눈앞의 이익만을 추구하여 결국 자신을 파괴하도록 이끈다면 그러한 지능을 지혜라고 할 수는 없을 것이다.

지금 우리에게 필요한 것은 도구적 지성이 아니라 우리 자신도 살리고 다른 생명체도 살리는 사려 깊은 지혜이다. 그러한 사려 깊은 지혜를 찾을 수 있는 곳은 최첨단 인공지능 기기가 아니다. 바로 우리의 내면, 우리 마음이다.

우리 앞에 모순된 가능성이 동시에 열려 있다. 그중 어떠한 쪽이 현실이 될지는 오로지 우리의 자각과 선택에 달려 있다. 이것이 4차 산업혁명이 우리에게 던지는 도전이다.

공생의 기술

진정한 인간의 가치

4차 산업혁명의 도전을 슬기롭게 헤쳐 나갈 가장 핵심적인 열쇠는 인성 회복이다. 이는 개인으로서 인류 전체로서 우리의 존재 가치를 되찾는 것을 의미한다.

인간이 다른 어떤 동물보다 진화적으로 우위를 차지하며 현재 지구 생태계에서 최상위 지배종 위치에 이르게 된 것은 인간의 지적인 능력 때문이다. 거의 모든 나라와 문화권에서 '유능하다'는 평가는 대부분 지적인 능력과 연관이 있다. 많은 사람에게 '똑똑하다'는 것은 자랑거리이고 부러움의 대상이다. 그런데 인공지능의 발전으로 지적인 능력을 중심으로 한 인간의 자아상이 근본적인 도전을 받고 있다. 알파고와의 대결에서 타격을 받은 것은 프로 바둑 기사 한 명의 자존심이 아니라 만물의 영장이라는 인간의 자아상이다.

인간과 다른 인공지능의 명확한 장점은 선택과 판단에서 편견과 감정을 배제할 수 있다는 점일 것이다. 인공지능은 이론적으로 데이터의 양과 질만 보장된다면 우리가 안고 있는 모든 문제에 최적의 판단을 내릴 수 있다.

만약 우리가 가장 우수한 인공지능을 데려다 놓고 다음과 같은 질문을 한다고 상상해보자. "지구 생태계를 회복시킬 수 있는 가장 빠르고 효과적인 방법은 무엇인가?" 어떤 제한 조건도 두지 않고 이 질문에 답을 제시하라고 하면 과연 어떤 답이 나올까? 인간을 제거해야 한다고 하지 않을까?

인류의 의식과 삶의 방식이 달라지지 않는다면 동료 인간들과 다른 수많은 생명체에게 그렇게 많은 고통을 주면서 우리가 지구상에 계속 존재해야 할 이유를 어디에서 찾을 것인가? 인간의 신성한 가치는 무엇인가?

인공지능의 기술적 성과가 보여주듯 지적인 능력이 더 이상 인간 고유의 능력이 아니라면, 과연 인간을 인간답게 하는 진정한 특성은 무엇일까? 앞에서 여러 번 강조한 것처럼 자의식을 가진 존재로서 인간의 고유한 특성은 양심, 성찰하는 능력, 공감 능력이다. 양심이 있기에 우리는 개인적인 불이익을 감수하고서도 진실을 선택할 수 있고, 개인의 이익과 전체의 이익이 충돌할 때 전체의 이익을 우선시할 수 있다. 성찰하는 능력이 있기에 자신을 돌아보고, 경험을 통해서 통찰을 얻으며, 더 나아가 자신의 근원에 대해 궁금하게 여기며 '나는 누구인가' 하고 질문한다.

이 두 가지와 함께 인간을 정말로 인간답게 하는 것, 특히 지속 가능한 지구를 위해 필요한 인간의 특성은 공감 능력일 것이다. 공감 능력이 있기에 다른 사람, 다른 생명, 다른 대상을 마치 자신처럼 느낄 수 있고 자발적으로 다른 대상에게 도움을 주는 행동을 할 수 있다.

　　　　　　　　　　　　공생의 기술

지금까지 경쟁과 지배를 중심으로 한 사회제도 속에서는 지성知性이 항상 우선시되었다. 공감 능력은 부차적인 가치로 취급되거나 심지어 경쟁에서 이기는 데 도움이 되지 않기에 억눌러야 했다. 우리는 지금 다른 사람, 다른 집단, 다른 생명체를 배려하지 않는 지성이 우리 삶의 기반을 얼마나 황폐하게 만드는지 적나라하게 지켜보고 있다.

인간의 진정한 가치와 위대함은 지성과 공감 능력이 통합될 때 드러날 수 있다. 지성으로 공감 능력을 억압하는 것이 아니라, 공감 능력을 발휘하기 위해 지적인 능력을 사용할 때 지성은 더 큰 가치를 갖는다. 오직 인간만이 그렇게 할 수 있는 능력과 조건을 갖추고 있다. 지금까지 인류가 보여준 모습이 그렇지 못함에도 불구하고 여전히 인간이 지구의 희망인 이유이다. 인간이 지구에 사는 모든 생명의 희망이다. 나는 우리에게 그 희망을 현실로 만들 힘이 있다고 확신한다.

기술과 인간의 융합

인공지능이 비약적으로 발전해 인간의 지능을 뛰어넘는 기점을 특이점(singularity)이라고 한다. 인공지능의 기하급수적이고 가속적인 발전 속도를 볼 때 특이점은 지금 지구에서 살고 있는 인류 세대 내에 찾아올 것이라고 많은 전문가가 예측한다. 얼마 전에는 구글의 한 연구원이 구글의 인공지능 챗봇이 자각 능력을 갖추었다고 주장했고, 구글은 그런 그를 해고해서 큰 화제가 되기도 했다.

기계의 지능이 인간 지능의 총합을 넘어섰을 때 인간의 위치는 어디인가? 이 질문에 답하려면 인간의 본질이 무엇인지 질문해봐야 한다. 지구의 역사는 45억 년이나 되지만 인류가 출현한 지는 4백만 년 전, 현생 인류인 호모 사피엔스 사피엔스가 출현한 지는 길게 잡아도 20~30만 년에 지나지 않는다. 지구의 탄생에서 지금까지를 하루로 잡으면 현생 인류가 존속한 기간은 불과 3.8초에 지나지 않는다. 인간은 자신에게 너무 집중한 나머지 지구의 역사 동안 쉼 없이 이어져 온 장엄한 생명의 진화를 잘 보지 못한다. 우리에게는 인간의 삶이 매우 소중하고 도드라져 보이지만 전체 생명 진화의 역사로 보면 그중

아주 짧은 순간일 뿐이다.

현생 인류에 도달할 때까지 자연계에서 진화의 가장 큰 동력은 생존과 번식이었다. 먹이를 찾고, 짝을 찾아 번식하고, 무리를 퍼뜨리는 데 유리한 방향으로 진화해왔다. 현대 문명 속에서는 생물학적 차원에서의 이전과 같은 진화의 동력은 거의 사라져버렸다. 지금의 우리는 먹이를 구하고 짝을 찾기 위해 더 빨리 달려야 할 필요도 없고, 더 강한 근육이 필요한 것도 아니다.

생물학적인 진화의 필요성과 가능성이 거의 사라진 인류에게 남은 진화의 통로는 무엇일까? 한 축은 영적인 각성과 의식의 확장, 다른 축은 기계와 인간의 융합이 아닐까 생각한다. 이미 우리는 생활 속에서 기계와 인간의 융합을 경험하고 있다. 모바일 기기들을 통해 시간과 거리의 제약 없이 많은 사람과 연결하고 소통하며 세계 곳곳에서 벌어지는 일들을 실시간으로 파악하고 있다. 현재 우리가 평균적으로 가지고 있는 정보량, 의식의 범위, 관심사 등은 과거로 치면 어지간한 현자나 도통한 사람을 넘어설 것이다. 이는 기술적인 발전이 우리가 인지하지 못한 사이에 의식에 얼마나 큰 영향을 미치고 있는지 분명하게 보여준다.

기술과 인간은 물리적으로 아주 가깝게 연결되어 있다. 우리가 인터넷에 접속하지 않거나 핸드폰을 손에서 놓고 있는 시간은 하루 중 얼마나 될까? 핸드폰은 이미 우리 몸의 일부처럼 기능하고 있다. 지금은 핸드폰을 손에 들고 있지만 머지않아 필요한 기능들을 몸에 장착할 수도 있을 것이다.

가까운 미래에 인간의 활동 범위가 지구를 벗어나게 된다면, 현재 우리 몸은 인류의 탐구와 개척 활동을 뒷받침하기에는 너무 약하고 부서지기 쉬운 구조물일 것이다.(현재 인간의 몸은 지구 중력의 다섯 배도 버티지 못한다고 알려져 있다. 하지만 두 배만 되어도 지속 시간이 길어지면 몸의 모든 곳이 고장이 날 것이다.) 매일 시간 맞춰 먹이고, 씻기고, 애지중지 관리해도 100년을 지속하기 어렵다.

우리 머릿속에 있는 인간의 이미지는 육체의 한계에 갇혀 있고 육체에 뿌리를 둔 감정의 지배를 받는 존재이다. 하지만 궁극적으로 육체가 인간의 한계가 될 필요는 없다. 인간의 의식과 정보를 담을 그릇이 반드시 지금과 같은 육체일 필요는 없을 것이다. 이미 인공장기들이 사용되고 있고, 앞으로 신체의 점점 더 많은 부분이 인공물로 대체될 수 있을 것이다. 나중에는 인간의 정의에서 생물학적인 요소와 공학적인 요소의 경계가 없어질지도 모른다. 더 나아가서는 물질적인 형태 자체가 무의미해질 수도 있다. 중요한 것은 인간의 본질, 생명의 본질이 무엇이냐 하는 것이다. 결국 마지막에 남는 것은 의식이고, 그 의식에 담겨 있는 정보이다.

기계와 인간의 대립은 할리우드 영화의 단골 소재이다. 디스토피아가 된 지구를 그리는 많은 소설에서도 이는 미래 세계의 주요한 사회 갈등으로 그려진다. 하지만 이미 인간과 기계 사이의 경계는 모호해지고 있고 많은 융합이 일어나고 있다. 이러한 변화 속에서 외형적인 인간과 기계의 대립을 이야기하는 것은 무의미할 것이다. 기계와 인간, 인공지능과 자연지능은 대립적인 관계일 필요가 없다. 어떠한 형태로든 융합이 이루어질 것이다.

　정말로 문제가 되는 것은 생물학적으로 정의된 인간과 기계의 대립이 아니라 의식과 의식, 정보와 정보의 대립이다. 기계와 인간이 융합된 생명체를 움직이는 의식이 어떤 의식이고, 어떤 정보냐는 것이다. 그것이 공생을 목적으로 하는지, 파괴와 지배를 목적으로 하는지이다. 지구와 인류의 미래를 좌우하는 것은 단순히 기술의 발전이 아니라 이러한 선택이다. 공생이라는 목적을 선택하는 것이 현재의 4차 산업혁명에 의미를 부여하고, 방향성을 잡아줄 수 있다. 나는 그것이 4차 산업혁명과 함께 일어나야 할 5차 산업혁명이라고 생각한다.

5차 산업혁명

현재 진행 중인 4차 산업혁명은 놀라운 잠재력을 가지고 있다. 기후
변화와 생태계 회복처럼 규모가 크고 구성 요소가 많아 여태껏 해결
할 수 없었던 복잡한 문제들을 풀어갈 답과 그 답을 구현할 기술적인
방법까지 얻을 수 있다. 객관적이고 공정하고 투명한 행정 서비스를
통해 부정부패와 타락 걱정 없는 정부를 구현할 수 있다. 생산 능력을
향상하고 분배를 최적화함으로써 빈곤과 불평등을 해소할 수 있다.
위험하고 힘든 작업을 기계로 처리함으로써 많은 사람에게 안전한
직업과 함께 더 많은 여가를 제공할 수 있다.

물론 그 반대의 가능성도 엄연히 존재한다. 자본과 기술을 독점한
소수의 개인과 집단이 세상을 자신들의 의도대로 지배할 수 있다. 대
다수가 자기 삶에 결정력을 잃어버린 채, 무력하고 분리된 개인으로
목표나 희망 없이 하루하루 수동적인 삶을 살 수도 있다. 지금으로서
는 그러한 그림이 더 현실적으로 보인다. 그렇기에 기술의 발전과 동
시에 지금 4차 산업혁명에 목표와 방향을 제시하고 이끌어줄 의식과
행동의 변화가 절실히 필요하다. 나는 그러한 변화가 5차 산업혁명

이 되어야 한다고 믿는다.

5차 산업혁명은 4차 산업혁명에 목표와 방향을 제시하고 이끄는 혁명이다. 그런 의미에서 5차 산업혁명은 시간상으로 4차 산업혁명 이후에 일어나는 미래의 혁명이 아니라 지금 4차 산업혁명과 동시에 일어나는 혁명이다. 의식의 변화 없이 기술적인 발전만을 지향하는 4차 산업혁명이 지금 같은 방식으로 계속된다면, 그것은 인류 미래를 위한 혁명이 아니라 인류 문명이 자폭하는 시작이 될지 모른다. 5차 산업혁명은 산업 내에서 일어나는 기술적 혁명이 아니라 의식의 각성을 통해 생활문화에서부터 산업을 혁신하는 혁명이다.

따라서 과학자나 엔지니어만이 아니라 모든 사람이 참여할 수 있고 참여해야 하는 혁명이다. 우리는 5차 산업혁명을 통해서 4차 산업혁명의 모든 기술적 성과를 공생을 위해 활용함으로써, 인류만이 아니라 모든 생명체를 위한 평화롭고 건강하고 지속 가능한 세계를 만들 수 있다. 이러한 변화를 통해 우리는 진정한 지구 공동체를 실현하고, 책임 있고 성숙한 문명으로서 더 큰 우주 시대를 향해 나아갈 수 있을 것이다.

11

공생을 위한
사회적 토대로서 복지

행복감이 생활 수준의 향상과 비례하지는 않은 듯하다. 평균적으로 사회 전체의 교육, 문화, 의료, 소득 수준이 긍정적으로 변화해도 그것이 개인의 행복감이 커지는 것으로 나타나지는 않는다. 오히려 그 반대인 경우도 많다. 가장 큰 이유는 상대적 빈곤과 박탈감이다.

흔히 금수저와 흙수저로 표현되는 경제적 불평등은 종교, 인종 갈등과 더불어 우리가 치유하고 해결해야 할 글로벌한 도전이다. 지역 차가 큰 종교나 인종 갈등과 달리 경제적 불평등은 경제적 발전 정도에 상관없이 거의 모든 나라에서 나타난다. 닷컴 붕괴나 부동산 버블 붕괴, 최근의 팬데믹처럼 경제 시스템에 큰 충격이 가해질 때마다 부자와 가난한 자 사이의 틈은 더 벌어지고, 불평등은 더 심화하였다. 경제적 불평등을 이야기할 때 세계 인구의 10%가 가진 부가 나머지 90%의 부와 맞먹는다는 의미로 10대 90이라는 표현을 많이 사용했다. 그런데 팬데믹을 거치면서 이제 1대 99라는 표현이 등장했다. 90~99%에 속하는 많은 사람은 개인적인 노력으로 10% 혹은 1% 쪽으로 옮겨갈 수 있는 가능성이 점점 줄어드는 데서 좌절감과 절박감을 느낀다.

불평등과 함께 사람들을 더 힘들게 하는 것은 그 불평등이 불공정하다는 것이다. 우리는 역사를 통해서 불평등 자체가 아니라 불공정한 불평등이 사회적 분열을 일으키고, 이를 방치하면 사회 붕괴로 이어진다는 사실을 알고 있다. 공평의 기준을 바로 세우고, 그 위에서 평등을 실현하는 것이 공정 사회의 핵심이다. 이러한 제도적 기반 위에 공동체의 보살핌이 더해질 때 진정한 복지가 실현된다.

복지 하면 흔히 사회적 약자들을 지원하는 경제 정책이나 의료 제도 등을 떠올린다. 하지만 복지는 사회적 약자만이 아니라 모두를 위한 것이다. 공동체의 모든 구성원이 인간의 존엄을 유지하고, 자신의 가치를 실현할 수 있게 도와주는 공적인 보살핌이기 때문이다. 그러한 의미에서 복지는 단순히 제도가 아니라 문화이고 정신이다. 복지는 사회적 차원의 공생을 실현하기 위한 기본 토대이다.

공평과 평등

지금은 세계 어디를 둘러봐도 경제를 시장 논리에만 완전히 맡겨두는 나라는 없다. 그렇게 두면 지나친 불평등과 상대적 빈곤이 발생해 사회적 불안 요소로 작용하기 때문이다. 현재 대부분의 자본주의 시장경제 국가에서 적용하는 법과 제도는 그동안 드러난 한계와 문제들을 수정하고 보완하면서 정비된 것들이다.

자본주의 시장경제의 반대편에서 평등을 이상적 목표로 추구하던 나라들은 지난 반세기 동안 자본주의 국가들보다 더 큰 변화를 겪었다. 강제된 무차별적인 평등이 한계에 이른 것이다. 그러한 평등은 무자비하고, 불공평하고, 창조와 변화를 위한 동력도 제공할 수 없었다. 20세기 말 구소련을 시작으로 한 사회주의 진영의 몰락을 통해 강제된 평등은 사회제도로서 종말을 맞았다. 현재 원론적인 사회주의를 유지하는 국가는 거의 없고, 사회주의를 표방하는 나라들조차 빈부의 격차는 날로 커지고 있다.

어느 체제건, 결국 핵심은 공정성이다. 무차별적인 평등이 아니라 공평하게 평등해야 하는 것이다. 공평의 기반 위에서 평등을 실현하는 공정성의 기준은 의외로 간단할 수 있다. 100미터 달리기처럼 출발은 같은 선상에서 하고, 결과에 대해서는 차등을 두어 인정하고 보상하는 것이다. 이는 올림픽 경기장에서나 볼 수 있는 규칙이 아니라 유치원생도 알 수 있는 단순하고 명확한 공평과 평등의 개념이다.

공정성과 관련하여 제일 먼저 제기되는 문제는 '과연 같은 선상에서 출발하느냐'이다. 이 때문에 금수저 흙수저라는 표현으로 분노와 좌절감이 표출되고 부모 잘 만난 것도 능력이라는 주장도 나온다. 그런가 하면 몇 대가 놀고먹을 수 있을 정도의 부를 이루었지만, 자식들에게는 건전하고 존중받을 만한 삶을 살 정도 이상의 재산은 물려주지 않겠다는 사람들도 있다. 사회적으로 귀감이 되고 칭송받아 마땅하지만, 개인의 자각과 선의만으로 사회 시스템이 저절로 개선되기를 바라는 것은 기약 없는 희망이다.

자연에서는 100미터 달리기의 규칙이 잘 적용되는 것 같다. 아무리 높이 떠 있는 구름도 물이 되어 기준 수면으로 내려왔다 다시 구름이 되고, 아무리 높이 자란 나무의 씨앗도 땅에서부터 시작해야 한다. 이러한 순환이 자연에 다양성과 안정성을 부여한다.

군집 생활을 하는 동물들, 예를 들면 늑대나 사자, 고릴라 집단에는 엄격한 위계질서가 있고, 먹이와 짝에 대한 우선권에서 불평등이 존재하지만, 현재까지 알려진 바로는 그 위계질서가 자손에게 세습되는 경우는 단 하나도 없다. 항상 새로운 경쟁자들에 의해 새로 만들어진다. 이처럼 자연에서는 동일 선상에서 출발하지만, 보상은 결과에 따라 차등을 두는 공평과 평등의 규칙이 잘 지켜지고 있다.

공생의 기술

두 번째로 고려할 문제는 동일 선상에서 출발하고 결과에 따라 차등을 두어 보상하는 제도, 능력주의는 과연 공정하냐는 것이다. 우리는 오랫동안 신분제의 대안으로 능력주의를 공정한 게임의 규칙으로 여겨왔다. 능력주의를 신봉하는 사람들은 자기 능력이 이룬 성취는 공정하고 정당하며, 그에 합당한 대가를 누리는 것을 아주 당연하게 여긴다. 하지만, 현재 세계 여러 나라에서 사회 경제적 불평등의 대표 사례로 지적되는 것이 대기업 CEO나 임원들이 스톡옵션을 통해 일반 직원들의 수백 배 혹은 수천 배에 달하는 보상을 받는 것이다. 이러한 시스템이 정당화된 미국에서도 소수에게 주어지는 과도한 보수가 자주 여론의 공격을 받는다.

성취 수준에 따른 보상에는 한계를 두지 말아야 할까? 보상 수준에 제한을 둔다면 어느 정도가 적정할까? 우리가 성취하는 것 중 순전히 개인의 노력과 자질에만 기인하는 것은 얼마나 될까? 누구나 영향을 받게 마련인 행운이나 우연은 우리가 통제할 수 없으니 무시해도 될까? 똑같은 능력을 갖추고 있지만 그것을 발휘할 기회를 만나지 못한 사람들에 대해서는 어떻게 해야 할까?

지금의 현실이 능력주의와 그에 따른 불평등을 받아들인다고 해서 그것이 당연하거나 최선인 것은 아니다. 이에 문제를 제기한다고 해서 그 사람이 사회주의자나 공산주의자인 것도 아니다. 이분법적 사고를 강요하는 딱지 붙이기는 생산적이지도 유익하지도 않다. 지금과 같은 다변화된 사회에서 그렇게 단순하게 적용할 수도 없고, 적용해서도 안 된다. 내가 제안하고 싶은 것은 좌나 우, 진보나 보수라는 틀로 가두지 말고 모두에게 유익한 제도가 무엇인지 모든 가능성을 열어놓고 찾아보자는 것이다.

출발선을 평등하게 하고, 결과에 따라 공정하게 평가하고 보상하는 시스템이 자리 잡혀도 여전히 사회적인 약자를 비롯한 여러 간극은 존재한다. 능력이 부족하거나 다른 사람의 도움에 의존할 수밖에 없는 사람은 불평등한 삶의 조건을 그저 받아들여야만 하는 것일까? 이는 게임의 규칙을 아무리 공정하게 만들어도 해결되지 않는 문제이다. 이 간극이 커지면 상처와 병이 되고, 서서히부터 붕괴가 시작된다. 이 간극에 무자비한 평등의 잣대를 들이대는 것이 아니라 상처가 되지 않게 메우고 감싸서 새살이 자라게 도와주는 것이 복지이다.

복지는 단지 정책이나 제도가 아닌 사람들이 서로 관계하고 보살피는 방식 전체를 포함하는 문화이다. 복지에는 모든 인간과 생명체에 대한 존중, 승자에 대한 존경과 인정, 승자의 겸손과 감사, 사회적 약자를 위한 공동체적 보살핌 등 성숙한 공동체가 갖추어야 할 모든 요소가 들어 있다.

공생의 기술

국민이 행복한 나라

지금 세계는 새로운 복지 모델을 찾고 있다. 그동안 복지의 상징이었던 덴마크, 스웨덴, 노르웨이 같은 북유럽 국가의 복지 정책도 한계를 드러내고 있다. '국민이 원하는 것은 다 준다'를 모토로 파격적인 복지 정책을 펼쳤던 그리스는 늘어난 재정 부담을 감당하지 못해 국가 부도 위기를 맞았다. 과도한 복지 혜택이 국민을 복지 의존에 빠뜨려 복지 정책을 지속하기 어렵게 만드는 일이 자주 일어나고 있다.

복지 제도를 줄이면 사회적 불평등과 갈등이 심화하고, 확대하면 국가 의존성이 커져서 국가 재정이 악화하고 전체적인 생산성과 경쟁력은 떨어진다. 그렇기 때문에 시혜적 복지에서 벗어나 새롭게 접근할 필요가 있다. 기본적인 의식주를 포함한 삶의 안전을 지원하는 복지 제도는 분명 필요하지만, 정말로 중요한 것은 국민들이 경험하는 삶의 질이고 행복감이다. 국민이 행복한 나라가 진정한 복지국가이다.

평균수명, 의료, 소득, 교육 등 여러 지표에서 한국은 OECD 평균을 훨씬 넘어서는 수준이다. 하지만 잘 알려진 것처럼 자살률이 세계

1위이다. 국민이 행복하지 않은 것이다. 자살 방지 프로그램 개발로 대응할 것이 아니라 무엇이 국민들을 행복하게 하는지 깊이 고민하고 성찰해야 한다.

국민의 행복은 단순히 물질적인 풍요만으로 채워지지 않는다. 널리 알려진 매슬로의 욕구 5단계는 복지에 관한 중요한 통찰을 보여준다. 매슬로는 인간의 욕구를 5단계로 설정했다. 가장 낮은 차원의 생리적 욕구에서 시작하여 안전의 욕구, 사회적 욕구, 존경의 욕구, 자아실현의 욕구 순으로 점차 높은 차원의 욕구로 발전한다고 설명했다. 안전의 욕구는 기본 복지 프로그램의 도입으로 많이 개선되었고 앞으로도 더 좋아질 수 있다. 하지만 사회적 욕구, 존경의 욕구, 자아실현의 욕구는 현재와 같은 시혜적 차원의 복지 프로그램으로는 채워지지 않는다. 복지 예산과 인력을 아무리 늘려도 해결되지 않는다.

진정한 복지는 인간이 가진 다양한 차원의 욕구를 이해하고, 모든 사람이 잠재력을 실현하여 사회에 자기 능력의 최대치로 기여함으로써 보람과 행복을 느끼게 하는 것이다. 이러한 복지의 필수 조건은 공동체의 모든 구성원이 인성을 회복하여 공생 감각을 키우고, 사회 전체가 공생의 가치를 우선하는 문화를 만드는 것이다.

아무리 훌륭한 복지 제도도 그것을 운영하는 사람들과 국민의 양심, 공생 감각이 뒷받침하지 않으면 태만, 비효율, 불공정 같은 부작용을 낳는다. 진정한 복지의 기반 또한 제도와 규칙이 아니라 국민 한 사람 한 사람의 마음이다. 또한 그 마음을 어떤 물적 재원 못지않은 사회의 중요 자산으로 여기고 키워나가는 성숙한 공동체이다.

복지 실현을 위한 세 가지 제안

국민이 행복한 나라를 만들기 위한 복지의 토대로 나는 세 가지가 필요하다고 생각한다. 첫째는 평생에 걸쳐 자신을 개발하고 성장시킬 수 있는 교육의 기회이다. 둘째는 사회적인 관계 속에서 긍정적인 역할을 함으로써 보람과 긍지를 느낄 수 있는 사회 참여의 기회이다. 셋째는 최소한의 자존감을 유지하는 데 필요한 소득 기반이다. 이 세 가지가 공평과 평등의 원칙에 따라 공정하게 주어져야 한다.

이 세 가지 요소는 역사적으로 여러 문화권, 여러 국가에서 다양한 방식으로 실행되었다. 가깝게는 해방 전 대한민국 임시정부가 건국의 원칙으로 천명한 '삼균주의三均主義'가 있다. 임시정부를 제대로 계승하지 못해 실현하지 못했지만, 삼균주의는 국가 기틀을 세우기 위한 매우 혁신적인 정치사상이었다. 식민지 상황을 끝낸다는 결의와 희망, 과거의 인습과 제도에서 벗어난 새로운 체제를 만들고자 하는 열의가 합쳐진 이상이었다. 당시의 삼균주의는 좁은 의미에서는 정치·경제·교육의 균등화를 통해 이상 사회를 구현하는 것이고, 크게는 민족과 국가 간의 균등화를 통해 세계 평화를 실현하는 것이었다.

당시로서는 너무 이상적인 제안이었을지 모르지만, 그로부터 80년이 지난 지금, 우리는 이러한 시스템을 만들 수 있는 물질적, 기술적 조건들을 이미 갖추고 있다. 복지 제도를 통해 이러한 요소들을 부분적으로 구현하고 있는 나라도 있다. 아직은 부족한 점이 많지만 기술의 발전을 기반으로 삼균주의의 이상을 구현하기 위해 국가적 목표의 우선순위를 조정한다면 충분히 해결해나갈 수 있다. 국민이 행복한 나라가 되기 위해 필요한 조건과 우리 모두의 역할을 좀 더 구체적으로 제안하고자 한다.

균등한 교육 기회

복지를 구현하는 첫 번째 조건은 전 생애에 걸친 교육 기회와 교육에 필요한 경제적 지원이다. 본인이 희망하고 준비가 되었을 때, 교육받을 기회를 항상 열어주고, 성실성을 조건으로 교육비를 지원해주는 것이다.

학교에 다녀본 사람이라면 동기부여가 되지 않으면 공부만큼 고역스러운 일이 없다는 것을 잘 알 것이다. 한편에서는 공부하고 싶지도 않고 목표도 없는데 억지로 떠밀려서 대학에 가고, 다른 한편에서는 공부할 이유와 열의가 있어도 여건이 안 돼 학업을 계속하지 못한다. 달리 말하면 교육이라는 이름으로 사회 전체적으로 막대한 시간과 노력, 자원을 낭비하면서 동시에 엄청난 스트레스를 만들고 있다고 할 수 있다.

양식 있는 시민사회의 구성원에게 필요한 행동 원칙을 배우는 데는 그렇게 긴 시간이 걸리지 않는다.《내가 정말 알아야 할 모든 것은 유치원에서 배웠다》라는 책의 제목처럼 우리가 인생에서 필요한 중요한 원칙들은 유년기에 다 배울 수 있다. 일정 기간 의무교육을 실시하는 것은 타당하다고 해도, 지금처럼 모든 청소년을 대학 준비 과정에 묶어둘 필요는 없다.

불필요한 과정에서 낭비하는 시간, 노력, 자원을 공부하고자 하는 사람들을 위해 사용한다면 평생교육 기회를 주고도 남을 것이다. 공부에 뜻이 없는 사람을 억지로 획일적인 교육제도 안에 가두기보다는 스스로를 개발하고 사회에 기여할 다른 기회를 찾도록 안내하는 것이 낫다. 다시 공부하고자 하는 목적과 이유가 생겼을 때는 사회의 모든 자원과 제도를 활용해서 도와주면 된다.

교육은 자기 능력을 개발하기 위한 개인적인 노력이기도 하지만, 사회의 지속적인 발전과 삶의 질을 높이기 위한 사회 전체의 투자이기도 하다. 순수하게 경제적인 효과만 놓고 봐도 수익률이 좋은 투자에 해당할 것이다. 그렇기에 교육비는 적어도 교육 목적과 동기부여가 분명한 사람에게는 성실성을 조건으로 전액 무상 지원할 이유가 충분하다. 성실성을 보이지 않는다면 지원을 중단하고, 그래도 본인이 원한다면 자비로 교육을 계속 받게 할 수 있다. 복지 선진국인 북유럽 국가들을 비롯해 많은 나라들이 대학까지 교육비를 무상으로 제공한다. 자비와 선의가 아니라 사회 전체를 위한 투자라는 합리적인 계산에 따라 그러한 제도를 운용하고 있다.

이러한 교육 기회는 연령 단위로 획일적으로 재단할 필요가 없다. 스스로 교육의 필요성을 느끼고, 목표를 발견하는 일은 삶의 어느 때든 일어날 수 있기 때문이다. 나이에 상관없이 공동체 구성원이 자신의 지식을 넓히고 기술을 향상할 기회를 얻는 것은 국가적으로도 유익한 일이다.

같은 교육과정에 다양한 연령대와 다양한 사회 경험을 가진 사람들이 섞여 있는 것은 교육과정을 더욱 풍부하게 만든다. 공식적인 교과과정에서 미처 다루지 못하는 다양한 지혜와 경험을 공유할 수 있기 때문이다. 이러한 시스템은 일찍부터 각자에게 필요한 사회적 네트워크를 형성할 기회를 만들어주기도 한다. 특히 정년 이후로 거의 닫혀 버리는 사회적 교류와 기여의 기회를 평생 열어두는 이점이 있다. 이는 국민들의 건강한 노년에 기여하고 더 활력 있고 균형 잡힌 복지를 실현하는 데 도움을 줄 것이다.

균등한 사회 참여 기회

두 번째는 지역 공동체에서 국가에 이르기까지 크고 작은 의사 결정에 참여할 기회를 기본 요건을 갖춘 모든 국민에게 균등하게 부여하는 것이다.

민주주의는 국가권력이 국민에게 있다는 신념을 기본으로 한다. 하지만 그 신념은 헌법 조항에 표현되어 있을 뿐, 국민 대다수는 자신이 권력을 행사하고 있다고 느끼지 않는다. 그러한 느낌이 드는 것은 몇 년에 한 번 있는 선거철뿐이다.

권력의 핵심은 의사 결정이다. 물론 민주주의 국가에는 국민 개인이 권력을 행사하는 선거라는 기회가 있다. 하지만 그것 역시 자신을 대신하여 의사 결정을 할 사람을 뽑는 것이지 본인이 의사 결정에 직접 참여하는 것은 아니다. 선거가 끝나면 피선거권자도 의사 결정 과정에 선거권자들을 참여시킬 의사가 없고, 선거권자도 그것이 자신의 권리나 역할이라고 여기지 않는다.

대부분의 나라에서 당연시하는 대의제가 대다수 국민들에게 정치적 무력감과 소외감을 느끼게 하는 한편, 무책임한 불만과 분노의 원인이 되고 있다. "우리 같은 민초가 뭘 알겠어?" "누가 해도 다 똑같아!" "정치인들은 다 도둑놈이야!"와 같은 자조적인 정서는 왜 생기는 걸까? 이는 국민들이 무지하거나 무능해서가 아니다. 정치에 관심이 없어서도 아니다. 삶이 고달픈 불평분자여서도 아니다. 의욕도 있고, 사회에 관심도 많고, 더 좋은 세상에 대한 열망도 있는데 이를 표현할 기회가 극도로 제한된 까닭에 왜곡되어 나타나는 것이다.

원래 민주주의의 이상은 대의제가 아니다. 민주주의의 가장 순수한 형태는 국민이 실제로 의사 결정 과정에 참여함으로써 권력을 행사하는 것이다. 공동체의 구성원이 직접 의사 결정에 참여하는 사례는 역사적으로 무수히 많고, 지금도 여러 공동체에서 실행하고 있다.

그런데도 민주주의가 대의제로 바뀔 수밖에 없었던 가장 큰 이유는 절차상의 복잡성 때문이다. 공동체의 규모가 커지면 시간과 공간의 제약으로 모든 구성원이 의사 결정에 참여하는 것은 물리적으로 거의 불가능하다. 또한 사회가 발전하고 다변화할수록 많은 영역이 전문화되기 때문에 평범한 사람이 모든 분야에 걸쳐 바른 판단을 내릴 만한 전문적 소양을 갖추기는 어렵다.

그런데 기술의 발전이 이러한 문제들을 해결할 실마리를 제공한다. 통신 기술과 네트워크의 발달로 사람들이 모이는 데 필요한 시간적 공간적 제약은 거의 사라졌다. 팬데믹을 경험하면서 우리는 비대면으로 소통하고 의사 결정하는 데 많이 익숙해졌다. 소셜 미디어를 통해 온라인 투표를 하거나 이를 활용에 어른 을 형성하는 것은 이제 흔한 일이 되었다. 팔로워가 많은 유명 인사들은 개인 차원에서 사회적인 문제를 제기하고 투표로 대중들의 의견을 확인하기도 한다.

온라인 투표를 선거에 적용하는 데 가장 큰 장애는 보안 기술의 신뢰성이었다. 조작이나 데이터 오류 없이 온라인 투표 결과를 어떻게 정확히 집계할 수 있을지 많은 사람이 의구심을 갖고 있다. 가장 유력한 대안은 블록체인 기술이다. 블록체인은 모든 거래 기록을 한 곳에서 보관·관리하지 않고 참여자의 컴퓨터마다 암호화해 분산·저장하는 기술이다. 탈중심화된 시스템이라 어느 한 사람이 정보를 독점하거나 통제할 수 없다. 그렇기 때문에 모든 사람이 참여해 의사를 결정하는 직접민주주의를 구현하기에 유리하다.

최근 급속하게 성장하는 NFT(대체 불가능한 토큰)에서 보는 것처럼 디지털 아트도 원작과 복제품을 구별하기 힘들었던 기존의 문제를 블록체인 기술을 통해 해결했다. 보안성에 신뢰가 생기자 디지털 아트 원작이 주요 투자 대상이 되기에 이르렀다. 디지털 아트가 투자 대

공생의 기술

상이 될 만큼 보안을 확보할 수 있다면 이 기술을 투표에 적용하지 못할 이유가 없다. 이것은 시공간의 제약 없이 공동체 구성원들이 공동체의 다양한 의사 결정에 참여할 수 있는 강력한 수단을 제공할 것이다.

전문성 문제도 다른 각도에서 해결이 가능하다. 공공 행정의 의사 결정 과정에서 가장 어려운 것은 합리적인 분석을 통해 타당한 결론이나 대안을 끌어내는 것이다. 이 과정에서 많은 편견과 이해관계가 개입되고 오류나 부정의 가능성도 생긴다. 행정 부문의 책임자들이 골머리를 앓을 때는 심오한 철학적 가치 판단을 못 해서가 아니라 가장 타당하고 합리적인 결론이나 대안을 찾지 못할 때이다.

합리적이고 타당한 몇 가지 선택지 중에서 하나를 선택하는 것은 건전한 상식과 양심이 있는 사람이면 누구나 할 수 있다. 오히려 전문성을 이유로 이 선택이 소수에게 배타적으로 위임될 때, 편견과 이기적인 동기가 개입하기 쉽고 불법과 부정의 유혹에도 쉽게 노출된다. 그런데 불과 몇 년 안에 합리적 분석과 추론을 도출하는 데 인간이 인공지능의 능력을 넘어서지 못할 것이다.

사실 인공지능은 이미 그러한 능력을 갖추고 있다. 소셜 미디어나 리서치 같은 분야에 제한되어 있고, 공공 행정 부문에 아직 적용이 안 되고 있을 뿐이다. 공공 행정 부문에 도입한다면 마지막 선택이나 결재를 제외한 대부분의 과정은 인공지능으로 대체할 수 있을 것이다. 그러면 진행도 훨씬 빠르고 정확하며 오류 위험도 줄어들 것이다. 그러한 과정을 거쳐 하나의 결론에 이르거나 각각의 장단점을 분명하게 명시한 선택지를 제시한다면, 상식과 양심을 가진 사람이면 누구나 무엇이 최선인지 충분히 판단할 수 있다. 더구나 그 최종 결재에 혼자가 아니라 여럿이 참여한다면 편견이나 이기적 동기가 개입할 위험 또한 최소화할 수 있다.

이와 관련하여 최근에 흥미로운 실험이 이루어졌다. 구글의 인공지능 개발업체 딥마인드는 실험을 통해 가상의 부_富를 분배하는 온라인 투자 게임에서 인공지능이 더 공평하고 합리적인 분배 방법을 제공할 수 있다는 것을 입증했다. 그 결과는 국제학술지 〈네이처 인간 행동〉에 발표되었다.

이 실험에서 게임 참가자들은 총 20회 게임을 했다. 처음 10회와 두 번째 10회의 투자 수익금을 배분하는 방식을 각각 다른 펀드매니저가 결정한다는 사실을 통보받았다. 참가자들은 모르고 있었지만 이 중 하나는 인공지능이었고, 다른 하나는 투자 전문가들의 의견을 받아 연구진이 미리 설정해둔 기준이었다. 연구진은 투자 게임이 끝난 뒤, 참가자들에게 두 가지 수익금 분배 방식 중 어떤 것이 더 나은지 선택하게 했다. 또 한 번의 게임 기회가 주어지고 마지막 게임에서 나온 수익을 자신이 전부 가질 수 있다면 어떤 펀드매니저에게 돈을 맡길지 물었다. 투표 결과, 실험에 참여한 4,700여 명 모두가 인공지능이 설계한 분배 기준을 인간이 설계한 분배 기준보다 더 선호했다. 실험이기는 했지만, 실제 집단적인 의사 결정 과정에 인공지능이 어떻게 활용될 수 있는지를 잘 보여주었다.

비록 인공지능의 지원을 받아 처리하는 단순한 의사 결정이라 하더라도 모든 사람이 항상 그러한 일에 참여하기는 쉽지 않을 것이다. 그 대안으로 공동체 구성원들이 순번제로 일정 기간 지방 자치 단체에서 중앙 정부에 이르기까지 공공 행정, 특히 주요 의사 결정 과정에 참여하는 제도를 구상할 수 있다. 이러한 제도는 아테네 같은 고대 도시 국가에서 실행되었고, 현대 사법 제도 중 배심 제도에서도 같은 방식이 활용되고 있다.

현재의 배심원 제도에서처럼, 무작위로 뽑힌 개인들에게 법률적인 최종 판단을 내릴 정도로 개인의 상식과 양심을 신뢰할 수 있다면, 그보다 훨씬 덜 복잡한 문제에 적용하지 못할 이유가 없다. 더욱이 이미 가장 합리적인 결론이 나와 있는 사안이라면 공동체의 일반 구성원에게 판단을 맡기지 못할 이유가 없다. 이 과정에서 인공지능은 충분히 신뢰할 만한 도움을 주리라 기대한다. 인공지능은 소송에서 배심원들의 판단을 도와주는 변호사나 검사보다 훨씬 중립적이고 이해득실에서 벗어나며, 자신의 평판에 대해서도 무관심하니 말이다.

이처럼 공동체 구성원은 의사 결정에 직접 참여함으로써 실질적인 권력을 경험할 수 있다. 제한적으로나마 국민이 직접 의사 결정에 참여할 수 있는 정책을 실시하고 있는 국가에서는 실제로 매우 긍정적인 효과를 거두고 있다. 많은 국가에서 복지 정책을 입안할 때, 복지 선진국으로 알려진 북유럽 국가들의 사회 보장 제도를 벤치마킹한다. 하지만 공공 행정에 국민을 참여시키는 것을 포함한 직접민주주의가 자국의 제도와 문화에 매우 큰 강점이 된다는 사실도 놓치지 않았으면 한다.

이러한 참여를 제도화하면 국민의 주인 의식, 건전한 국가 재정, 공무원의 도덕성 등 여러 요소에 긍정적인 영향을 미치고, 복지 제도의 건전성에도 많은 도움을 줄 것이다. 자신이 속한 공동체나 국가 경영에 참여한다는 것은 사람들에게 무엇으로도 대체할 수 없는 높은 자긍심과 책임감을 느끼게 한다. 이러한 제도를 공공 행정에 일반화하면 누가 요구하지 않아도 모든 사람이 자발적으로 애국자가 될 것이고, 건강한 공동체 정신이 공동체 모든 곳에 살아 숨 쉬게 될 것이다.

이러한 시도는 정보를 독점해 개인을 감시하고 지배하는 빅브라더Big Brother 사회의 암울한 그림자를 예방하는 방안으로도 필요하다. 공공 부문이든 민간 부문이든 의사 결정을 지원하는 업무에 인공지능이 점점 더 많이 활용되는 것은 피할 수 없는 일이다. 과학기술의 발전을 두려워하고 피하기보다 오히려 적극 활용해서 처음부터 더 많은 사람이 의사 결정 과정에 참여할 수 있는 시스템을 구축하는 노력이 필요하다. 이러한 시도는 기술을 인간화하고, 기술의 발전이 공동체의 가치와 조화를 이루도록 하는 데 도움이 될 것이다.

균등한 기본 소득

세 번째는 지속적으로 수입을 만들어 낼 수 있는 기본 소득원을 출생과 함께 국민의 기본 권리로 균등하게 부여하는 것이다.

세계 여러 나라에서 문제가 되는 갱이나 마피아 같은 직업화된 폭력, 마약 거래, 매춘 등은 주로 생활형 범죄들이다. 어릴 때부터 생계 유지에 시달리며 범죄에 노출된 환경에서 자라다 보니 이를 삶의 방식으로 받아들인 경우가 많다. 물론 건강한 삶의 방식을 배우고 경험할 기회를 얻지 못했다고 해서 범죄에 대한 책임이 면제되지는 않는다. 하지만 안전하고 건전하게 삶을 꾸려갈 기회가 열려 있고, 이미 그러한 환경 속에서 살고 있다면, 굳이 위험을 감수하면서까지 불법을 자행하고 범죄를 저지르지는 않을 것이다.

사람이 사는 세상, 건강한 문명사회라면 적어도 생활고로 자살이나 범죄를 선택하는 사람은 없어야 한다. 만약 그러한 사람이 많다면 그 선택을 한 개인을 문제 삼기 전에 구성원 전체가 자신이 속한 공동체가 정상적으로 기능하고 있는지 자문해야 한다.

'가난은 나라도 구제하지 못한다'라는 옛말처럼, 이러한 상황을 근본적으로 해결할 방법은 시혜 차원의 복지가 아니다. 그런 복지는 일시적인 도움을 줄 수 있을지 몰라도 수혜자의 삶에 근본적인 변화를 주지 못하며 결과적으로 사회 전체의 복지 수준을 개선하지도 못한다. 모든 복지 선진국이 시혜 차원의 복지가 갖는 한계를 경험했으며 그 대안을 힘들게 모색하고 있다.

이러한 한계를 극복하려면 복지 대상자에게 일방적이고 일시적인 도움을 주는 것이 아니라 지속적으로 소득을 만들어낼 수 있는 수단을 제공해야 한다. 또한 그 수단을 개인이 주도적이고 책임감 있게 관리할 수 있도록 도와주어야 한다. 한 걸음 더 나아가 그것이 사회적 약자에게 베푸는 도움이 아니라 모든 개인이 공동체 구성원으로서 당연히 요구할 수 있고 누릴 수 있는 권리여야 한다.

이러한 제도는 너무 이상적이어서 비현실적으로 느껴지지만, 역사를 살펴보면 분명 시도가 있었다. 대개는 새 왕조나 새 정치 체제와 같은 혁명적인 전환기에 일어났지만 대부분 변질하거나 좌초하였다. 인류 역사에서 가장 큰 실험이었던 공산주의도 모두 알다시피 실패로 끝이 났다. 그래서 모든 국민에게 공평하게 소득 수단을 제공해야 한다는 아이디어에는 여전히 물음표가 붙고, 많은 사람이 눈을 흘길 여지가 있다. 아예 언급 자체를 터부시하기도 한다. 하지만 우리가 조금만 생각을 바꾸면 매우 합리적인 방식으로 높은 수준의 복지를 실현할 방법을 찾을 수 있다.

현대사회에서 소득 수단을 갖기 위해 직접 공장을 운영하거나 농사를 지을 필요는 없다. 주식이라는 매우 간편한 수단이 있어서 누구나 자신의 여력만큼 소득 수단을 가질 수 있다. 더욱이 지금은 개인 투자자를 위한 편리한 도구들이 많아서 작은 규모로도 투자를 시작할 수 있다.

누구나 사용할 수 있는 이러한 시스템을 활용해서 국민 1인당 평생 소요되는 복지 예산의 일부를 각 개인에게 출생과 동시에 일정 금액이 예입된 투자 계좌를 만들어주는 방안을 고려해볼 수 있다. 이 계좌는 소유자가 일정한 연령이 될 때까지는 국민연금처럼 국가에서 관리하고 일정 연령이 되었을 때 관리권을 개인에게 넘겨준다.

전 국민을 수혜자로 하는 복지 기금을 정부에서 투자 재원으로 관리하는 것 자체는 새로운 아이디어가 아니다. 한국의 국민연금이나 미국의 사회 보장 기금이 모두 그러하다. 새로운 점은 이 프로그램의

공생의 기술

참여 자격이다. 직업을 갖고 소득을 내기 시작했을 때 의무로 부여하는 것이 아니라, 태어나면서부터 국민의 기본 권리로 인정하는 것이다. 그 계좌가 평생 복지 보장 기능을 할 수 있도록 관리권을 넘기기 전에 경제 교육을 의무적으로 받게 하면 좋을 것이다. 또 수혜 자격을 유지하려면 최소한도의 잔고를 유지하도록 할 수 있다.

미국과 같은 비교적 안정적인 자본시장을 가진 국가에서 주식 투자의 수익률은 연평균 10%를 웃돈다. 가장 대표적인 주식시장 지표인 S&P 500을 기준으로, 공식 기록을 시작한 1950년대부터 지금까지의 평균치이다. 한국의 경우 연간 변동 폭이 크기는 하지만 1981년 이후 40년을 기준으로 주식시장의 평균 수익률은 11%이다. 미국과 비슷한 수준이다. 이보다 보수적으로 예상하여 수익률을 8~9% 정도로 잡아도 신생아가 성년이 될 때는 최초 예입금의 5배가 넘는다. 예를 들어 신생아의 출생과 동시에 2천만 원이 예입된 투자 계좌를 만들어준다고 하자. 연평균 주식 투자 수익률을 8%로 가정하고 20년간 수익금 전액을 재투자한다면 이 아기가 성년이 되는 20세에는 1억에 가까운 금액이 만들어진다. 성년으로서 삶을 시작할 때 1억 원 정도의 자금이 있다면 무엇을 하더라도 여유로운 출발을 할 수 있을 것이다.

이러한 제도를 전 국민을 대상으로 실시하는 것은 재정적으로 불가능할 것이다. 하지만 신생아를 대상으로 하는 것은 가능하다. 한국의 신생아 수는 2021년 기준으로 26만 명을 조금 넘는다. 이들 모두에게 2천만 원씩 지급하면 총금액은 약 5조 2천억 원이다. 2021년 기준으로 한국 정부의 1년 전체 예산은 600조 규모이고, 복지 예산은 200조가 조금 넘는다. 1년 복지 예산의 2.6%, 총예산의 0.85% 정도를 사용해서 대한민국의 새로운 구성원이 되는 모든 신생아에게 기초 소득원을 만들어줄 수 있다. 이들이 성년이 될 때 자신의 삶을 독립적으로 시작할 수 있는 경제적 기반을 갖는다면 개인의 삶의 질을 높이는 데 크게 기여할 것이다. 초기에 이렇게 지원함으로써 결과적으로 각 개인에게 생애 동안 지급되는 총 복지 비용도 절감할 수 있을 것이다. 이러한 제도는 젊은 부부들에게 자녀의 미래에 관한 분안감을 덜어주어 출산을 장려할 수 있고, 많은 사람이 우려하는 인구 절벽을 예방하는 데도 도움을 줄 것이다.

이러한 제도가 더 큰 효과를 내기 위해서는 경제에 관한 기본 교육이 필수이다. 경제학 이론이 아니라 돈이란 무엇이고, 건전한 부를 어떻게 이루는지를 가르쳐야 한다. 이 교육은 남에게 돈을 받아서 쓰는 삶이 떳떳하지도 안정적이지도 못하다는 것, 물고기를 얻는 것이 아니라 낚시하는 법을 배우는 것이 더 큰 도움이 된다는 것을 포함한다. 또한 돈을 안 쓰는 것만으로는 부를 축적하기 어려우며, 돈을 움직이는 가장 큰 힘인 복리의 개념을 알려준다. 돈이 스스로 일하게 하는 것이 부를 이루는 가장 효과적인 방법이고, 그것이 투자라는 것을 가르친다.

부를 이룬 사람들의 이야기를 들어보면 돈에 관한 이런 기초 지식을 어릴 때 신뢰할 만한 사람에게서 배운 경우가 많다. 또한 그 지식들을 실제로 연습하고 습관화할 기회를 갖기도 했다. 모든 부모가 자녀들에게 돈을 관리할 수 있는 기본 소양을 교육해주기는 어려울 것이다. 부모 스스로 그러한 모범이 못 되는 경우도 많다. 그래서 경제에 관한 기본 교육을 국가에서 하는 것이다.

여기서 한 걸음 더 나아가면 정부 재정에 주식회사와 같은 개념을 적용해서 재정의 결과를 마치 사원 주주제처럼 전 국민에게 균등하게 배분하는 방법도 생각해볼 수 있다. 세금은 차등적으로 거둬들이지만, 배당은 주권에 따라 균등하게 이루어지므로 어떤 정책보다 강력한 소득재분배 효과를 거둘 수 있을 것이다. 또한 국민들은 절세나 조세 회피 방법을 찾기보다는 세금이 정확히 거둬지는지, 그 돈이 제대로 쓰이는지 철저하게 감시하려고 할 것이다. 전 국민이 나라의 알뜰한 살림꾼이 되는 것이다.

매우 비현실적으로 들리겠지만 국가에서 국민들에게 균등하게 직접 돈을 지급하는 것은 이미 여러 나라에서 실행한 적이 있다. 팬데믹 기간에 정부는 경기 부양을 위해 여러 조치들을 취했다. 그중 세율 인하나 이자율 인하와 같은 재정 정책이나 금융 정책은 주식을 비롯한 자본시장에만 영향을 주었지 실물 경제를 활성화하는 데는 거의 효과를 내지 못했다.

사람들이 체감하는 길거리 경제를 활성화하는 데 가장 효과적이었던 것은 정부에서 직접 일정 조건에 맞춰 국민 개개인에게 돈을 균등하게 지급한 방법이었다. 미국의 경우 경기부양 지원금(Stimulus Check)이라는 이름으로 대통령이 직접 서명한 수표를 국민들에게 세 차례 발송했다. 미국인들이 처음으로 경험해본 일이었다. 정부 재정에 국민 주주 개념을 도입하고 재정 흑자를 균등하게 배분하는 것은 경기 부양을 위한 지원금과 다를 바가 없다. 이것을 제도화해서 정기적으로 실시한다는 점이 다를 뿐이다.

국민 주주 제도는 여러 가지 장점이 있다. 우선 단순하고 투명하기 때문에 왜곡이나 부정이 개입할 여지가 거의 없다. 다른 복지 정책과 달리 수혜자를 수동적인 의존자로 만들기보다 적극적인 참여자로 만든다. 시혜를 받는 것이 아니라 권리를 당당하게 행사하는 것이다. 앞에서도 언급한 것처럼 차등적으로 거둬들인 세금을 균등하게 배분함으로써 강력한 소득 재분배 효과를 낸다. 테스트가 필요하다면 재정이 건실한 지방 자치 단체에서 시범적으로 운영해보면 좋을 것이다. 세부적인 실행 방법은 여건에 따라 달라지겠지만 이러한 접근의 핵심은 국민을 명실상부하게 국가의 주인으로 세우는 것이다.

교육 기회, 사회 참여 기회, 기본 소득 이 세 가지를 균등하게 배분하는 삼균은 복지 실현을 위한 튼튼한 토대를 제공한다. 이러한 제도가 뿌리내리고, 꽃을 피우고, 열매 맺게 하는 것은 제도 자체도 인공지능을 비롯한 신기술도 아니다. 복지의 주체는 국가나 기업이나 부자가 아니라 인간이다.

복지는 누군가가 만들어서 사회적 약자에게 제공하는 것이 아니라 그 사회의 모든 구성원이 함께 만들어가는 것이다. 삼균의 조건 위에 각 개인이 스스로 복지의 수혜자가 아니라 기여자로 살겠다는 선택을 해야 한다. 조금이라도 여력이 있는 한 다른 사람들과 세상에 도움을 주겠다는 마음을 내고, 그렇게 하는 것이 공동체 구성원의 책임이고 긍지라는 의식이 있어야 한다. 이 마음을 갖게 하는 것이 양심이고, 공감 능력이다. 참으로 다행인 것은 이 두 가지가 모든 사람의 가슴 속에 이미 자리하고 있다는 사실이다.

궁극적으로 복지의 목적은 아름답고 거룩한 인간의 본성을 실현하도록 도와주는 것이다. 공자도 의식주가 해결되어야 예禮를 안다고 했다. 인간에게 아름답고 위대한 본성이 있지만, 지금처럼 사람들을 생존에 허덕이게 하고 경쟁으로 내모는 제도와 환경 속에서는 이러한 본성을 제대로 발현하고 꽃피우기가 어렵다. 삼균은 모든 사람이 자신의 존재 가치를 실현하고 완성을 추구하는 '공생의 문명'으로 가기 위한 사회적인 조건을 만들어줄 것이다.

국가의 미래와 새로운 지구 공동체

2017년 9월 '아스가르디아Asgardia'라는 이름노 저음 들어보는 신생 국가에서 인공위성을 쏘아 올렸다. 신생 국가로서는 놀라운 성취인데, 더욱 놀라운 것은 이 나라가 지구상에 실질적인 영토가 없다는 사실이다. 그런데도 현재 약 30만 명이 국민으로 등록된 것으로 알려져 있다. 아스가르디아는 오스트리아 빈에 본부를 둔 국제 우주연구소 이고르 아슈르베일리 소장이 주창해서 만든 평화로운 우주 개발을 표방하는 가상 국가이다.

'비트네이션BitNation'은 또 다른 대안 가상 국가이다. 2014년 스웨덴 해커 출신인 수잔 타르코프스키 템펠호프가 만든 이 국가는 블록체인 기반 가상 화폐의 하나인 이더리움Ethereum의 스마트 계약 기술을 응용해 설계했다. 블록체인 기술의 특성상 어느 누가 정보를 독점하거나 통제할 수 없고 모든 사람이 참여해 의사를 결정하는 직접민주주의를 구현할 수 있다.

국가라는 형식이 아니더라도 디지털 공간에서 공통의 가치와 비전을 중심으로 블록체인 기술을 기반으로 한 직접민주주의 의사 결정 구조를 가진 많은 공동체가 생겨나고 있다. 그 한 예가 '다오^{DAO}(Decentralized Autonomous Organizations)'이다. 이는 탈중앙화 자치 조직을 뜻하며, 간단히 말하면 컴퓨터 코드와 프로그램으로 관리하는 조직이다. 특정 목적을 위해 자발적으로 모인 사람들이 블록체인 기술을 활용해 중앙의 권위나 규제, 마찰 없이 일을 수행하고 있다.

우리는 국가를 당연시하지만 사실 근대 국가는 18세기 시민혁명의 결과로 탄생한 것이다. 이제 막 200년 정도 되었다. 법치, 시민권, 대의제 등 우리가 알고 있는 국가를 구성하는 핵심적인 제도들은 대부분 비교적 최근에 이루어진 사회적 발명이다.

흔히 세계의 정치 역학 관계를 결정하는 것이 인종이나 이념, 종교, 문화라고 생각하기 쉽다. 사실 가장 근원적인 요소는 지리적인 위치이다. 정치적 이념이나 종교가 달라도 먼 거리에 있으면 굳이 적대적일 필요가 없다. 그런데 지리적으로 가깝기 때문에 서로 위협이 되고 원수지간이 된다. 만약 사람들이 거리에 상관없이 가치와 비전을 중심으로 각자의 선택에 따라 국가를 이룬다면 지금의 '지정학'이라는 개념 자체가 무의미해질 것이다. 과거에는 상상 속에서나 존재했던 가능성이 현실이 되고 있다. 가상 국가가 바로 그러한 예이다.

가상 국가는 가상현실(메타버스)과 블록체인 같은 신기술들을 통합적으로 활용함으로써 우리가 상상할 수 있으나 현실에서는 구현하지 못하고 있는 대안적인 세계를 실험해볼 수 있게 한다. 직접민주주의와 기본 소득원의 균등 배분과 같은 혁신적인 복지 제도가 구현된 이상적인 국가를 시도하고 학습할 기회를 열어준다. 이러한 시도를 통해서 얻은 경험과 통찰, 사회적 합의를 현실에 적용함으로써 현실의 국가를 가상 국가에 더 가깝게 만들 수 있을 것이다.

만약 가상 국가 안에서의 생활과 거래가 실제 공간에서보다 커진다면 가상 공간의 공동체가 현실 공간의 공동체를 대체할 수도 있다. 현재의 지정학적 개념의 국가와 운명적으로 주어진 출생 장소를 기준으로 한 국적이라는 개념 자체가 유명무실해질 수도 있다. 한 걸음 더 나아가 가상 국가가 디지털 공간에서 충분히 자리 잡은 후, 그 구성원들이 원한다면 현실 공간에 공동체를 구성할 수도 있을 것이다. 전 세계에 흩어져 살던 유대인들이 2차 세계대전 후 미국과 영국의 지원 아래 팔레스타인으로 모여들어 이스라엘을 세운 것처럼.

최선의 결과는 공동의 가치와 목표를 기반으로 모든 사람이 실질적인 주인으로 참여하는 공동체가 가상공간만이 아니라 지구라는 현실 공간 전체에 걸쳐 실현되는 것이다. 이것은 인위적으로 만들어진 기존의 모든 경계선이 무의미해지고 실질적인 지구촌이 탄생하는 것을 의미한다.

이처럼 놀랄 만큼 새로운 가능성이 우리 앞에 열려 있다. 우리가 지구를 중심 가치로 받아들이고 우리 가슴 속에 살아 있는 양심과 공감 능력의 안내를 따라 공생과 홍익을 선택함으로써 이러한 가능성이 현실이 될 수 있다. 따뜻한 마음과 밝은 지혜를 모아 모든 사람이 행복한 복지대도福祉大道가 실현된 이상 세계를 창조할 수 있다. 그때 우리가 살고 있는 지구라는 행성은 다른 은하계에서 벤치마킹할 만한 위대한 영감과 혁신의 사례가 될 것이다.

공생의 기술

12

공생 세상을
위한 실천

공생을 실천하는 일상은 어떤 모습일까? 지구시민으로 살기 위해 내 삶에 어떤 변화가 필요할까? 이런 질문을 던지면 뭔가 큰일을 해야 할 것 같은 생각이 들거나 막연하게 느껴질 수 있다. 하지만 나와 다른 사람들, 지구 전체에 도움이 되는 삶을 사는 것은 생각보다 쉽고 단순하다.

첫 시작은 '마음을 내는 것'이다. 우리 안에 자신의 이익만이 아니라 지구와 모든 생명이 건강하고 행복하기를 바라는 밝고 큰마음이 있다는 것을 인정하고, 그 마음을 소중히 여기는 것이다. 이 마음은 우리 안에 있는 성인聖人의 마음이고 하느님의 마음이다. 인간의 위대함은 바로 이러한 마음을 가질 수 있다는 것이다. 누구나 이러한 마음을 가질 수 있지만 한 번 가졌다고 그 마음이 늘 유지되는 것은 아니다. 마음은 기억이 아니라 항상 지금 이 순간에 존재하고, 매일 매 순간 바뀌고 새로워지기 때문이다.

모든 사람이 잘되기를 바라고 지구를 생각하는 마음은 언제 어디서든 가질 수 있다. 하지만 적어도 하루에 한 번은 그 마음과 깊이 연결하는 시간을 가지라고 제안하고 싶다. 나는 이른 새벽에 일어나 명상으로 하루를 시작한다. 내게 명상은 내면의 순수한 마음을 되찾는 시간이다. 명상이 가져다주는 밝고 청정한 마음에 내가 소중하게 여기는 목표와 꿈을 담고 정성을 다해 기도한다. 나의 명상과 기도 속에는 건강하고 아름다운 지구가 있고, 더 나은 자신과 세상을 위해 변화를 만들어가는 수많은 사람이 있다. 이른 아침 명상을 통해 공생을 위해 내가 할 수 있는 일들에 대한 새로운 아이디어와 에너지를 얻는다.

자신의 마음과 만나기 위해 꼭 눈을 감고 앉아서 명상해야 하는 것은 아니다. 각자 자신에게 맞는 방식이 있을 것이다. 누구에게는 일기를 쓰는 것일 수도 있고, 차 한 잔을 마시며 하루를 돌아보는 것일 수도 있다. 가까이 있는 사람과 마음을 터놓고 대화하는 것일 수도 있고, 열띤 토론을 통해 소통하는 것일 수도 있다. 어떤 방식이든지 하루 중에 자기 경험을 돌아보고 자신 안에 있는 공생의 마음과 연결하는 시간을 갖는 것이 중요하다.

공생의 마음은 다른 사람과 지구를 이롭게 하는 것에 앞서 먼저 자신에게 도움을 준다. 그 마음이 심신을 치유하고, 뇌의 잠재력을 키워주며, 영감과 에너지를 선물하기 때문이다. 또 더 나은 선택을 할 수 있는 지혜를 주기 때문이다. 공생의 마음을 낸다는 것은 내 안에 있는 자연을 회복하는 것이기도 하다. 내가 더 건강하고 행복하고 평화로워지는 길이기에 힘들거나 부담스럽지 않다. 내 안에 자연을 회복할 때 그것은 자연치유로, 지구 감수성으로, 주변 사람들과 다른 생명체들에 공감하는 것으로 나타난다.

마음이 창조해낼 수 있는 가장 위대하고 아름다운 것, 그것은 희망이다. 지속 가능한 삶, 공생의 세계는 멀리 있는 것이 아니다. 모두를 위해 진심으로 공생과 지속 가능한 세계를 바라는 마음, 그것이 실현 가능하다고 믿는 희망에서 시작한다. 그런 희망을 품고 내가 할 수 있는 작은 일부터 실천해나가면 된다.

　지구에 도움이 되는 건강한 라이프 스타일을 만들고 조화로운 공생의 삶을 위해 우리가 실천할 수 있는 것들은 생각보다 많다. 간단하고 쉬운 것부터, 당장 할 수 있는 것부터 시작해보자. 각자가 처한 환경, 라이프 스타일이나 관심사에 따라 구체적인 방법은 달라질 수 있을 것이다. 개개인에게 도움이 되고 지구에도 좋은, 누구나 할 수 있는 다섯 가지 방향을 제안한다.

일상에서 공생을 선택하기

앞에서 여러 차례 언급한 것처럼 우리는 각자의 선택으로 지구의 미래에 직접적인 영향을 미칠 수 있는 시대에 살고 있기에 우리들 각자의 선택과 행동 하나하나가 모두 중요하다.

간단한 식료품 구매에서부터 교통수단을 이용하는 것, 소셜 미디어를 통해 소통하는 것, 선거에 이르기까지 일상에서 어떤 선택을 하고 행동할 때 늘 지구를 떠올려보자. 어떤 것이 지구에 도움이 되는지 판단해보고, 개인적으로 다소 불편하더라도 지구에 도움이 된다면 그편을 선택하자. 나에게도 좋고, 남에게도 좋고, 지구에도 좋은 것이 결국 나에게도 좋은 것이라는 단순하고도 명백한 진실을 기억하자.

우리가 생활 속에서 실천할 방법들은 이미 많이 나와 있다. 자연적인 방법으로 스스로 자기 건강을 지키는 것, 일회용품을 사용하지 않는 것, 물과 에너지를 아끼는 것, 물건을 소중히 다루고 재사용하는 것, 육류 소비를 줄이고 지역에서 생산된 채소 소비를 늘리는 것, 스마트폰 이용 시간을 줄이고 주변 사람과 대면 교류를 늘리는 것, 서로에게 힘이 되고 희망을 주는 뉴스를 찾아 공유하는 것 등이 그 예이다. 이러한 것들은 우리가 새로 뭔가를 배워야 할 수 있는 것이 아니다. 이미 하고 있던 일에 조금 더 마음 써서 하면 되는 것들이다. 자기희생이 필요한 일이 아니라 직접적으로 자신에게 바로 도움이 되는 일들이다. 그런데 그 일이 다른 사람과 지구에도 도움이 되는 것이다.

모든 관계에서 공생을 선택하자. 이해가 충돌하고 갈등이 생기는 상황을 만나면, 갈등을 불가피한 조건으로 받아들이기보다 호흡을 가다듬고 되물어보자. 어떻게 하는 것이 서로에게, 그리고 모두에게 도움이 되는지. 이기는 방법을 찾는 명민함보다는 공생의 방법을 찾는 지혜를 구하자. 공생의 길을 알려줄 빛은 이미 우리 내면에 있다. 가슴에 묻고 양심과 공감 능력의 안내를 따르자. 그렇게 할 때마다 우리의 가슴이 열리고 마음이 더 밝아진다.

공생의 기술

소통하고 연결하기

지금 이 글을 읽고 있는 당신을 포함해 우리 주변에는 지구와 인류의 미래에 우려와 책임감을 느끼는 사람들이 많다. 지구라는 공통 가치를 기반으로, 그 가치의 존속을 우려하고 지키고자 하는 사람들이 서로 대화하고 연결하여 힘을 모아야 한다. 같은 뜻을 가진 사람들의 연대가 인류 역사상 지금보다 더 중요하고 절박했던 때는 없었다. 다양한 소셜 미디어를 비롯해 지금 우리가 가진 많은 소통의 기술들은 이러한 연대를 가능하게 하는 기반을 제공한다.

각자의 선택과 행동이 모두 중요하지만, 서로 연결될 때 그 힘은 단순히 사람 수의 총합을 넘어 훨씬 크게 증폭된다. 하나의 메시지, 하나의 행동, 하나의 목소리로 시작된 파동이 세계로 퍼져나가는 거대한 물결을 만들 수도 있다. 나와 같은 마음, 같은 생각을 하는 사람들이 있다는 것을 느끼고 위안하는 것에 머물지 말고 한 걸음 더 나아가야 한다. 상대의 존재를 확인하며 내 존재도 알려야 한다.

같은 근심과 같은 희망을 품을 때, 그것이 개인적인 이해관계를 넘어선 전체를 위한 것일 때, 그것만큼 우리를 깊이 연결해주는 것은 없다. 동지이자 파트너로 우리가 서로 연결되어 있을 때, 우리의 행동 하나하나가 서로에게 격려가 되고, 같이 공유하는 정보가 힘이 되고 새로운 영감이 된다.

지구와 인류의 미래에 대한 염려와 희망은 모두에게 적용되는 것이기에 이 소통과 연결의 대상에서 제외되는 사람은 아무도 없다. 지식이나 기술 부족이 더 이상 핑계가 될 수 없다. 나이가 많고 적음이 열외의 이유가 되지 않는다. 정부의 정책이나 사회 제도 미비도 핑계가 되지 않는다. 당신이 어디에 살든, 무엇을 하든, 피부색이 어떻든, 어떤 종교적 전통을 따르든 그 어떤 것도 장애가 되지 않는다. 우리가 가진 온·오프라인상의 모든 소통 채널을 통해서 지구를 염려하는 마음과 희망을 나누고, 서로를 응원하며, 연결망을 키워나가자. 이러한 연결이 세상을 바꾸는 실질적인 힘을 만든다.

자연 건강 실천하기

많은 사람이 아프면 일단 병원에 가서 처방받아 약을 먹어야 낫는다고 생각한다. 이런 생각이 너무 상식화되어 이의를 제기하는 것 자체가 이상할 정도이다. 하지만 엄밀히 말하자면 이 세상에 존재하는 모든 약과 의료 기술은 우리 몸 안에 존재하는 자연치유의 메커니즘을 이용한다. 우리 몸에는 자가 진단, 자기 회복, 재생의 메커니즘이 있다. 그래서 몸의 균형이 깨지면 언제든 균형을 회복하기 위해 일할 만반의 준비가 되어 있다. 약이나 물리치료, 수술 등 의료상의 치료가 효과를 발휘하는 것도 궁극적으로는 내적인 자연치유 메커니즘이 작동한 덕분이다.

첨단 의료 장비, 의료 전문가, 약 처방 중심의 고비용 의료 시스템에 의존하는 것은 우리 삶을 변화와 충격에 매우 취약하게 만든다. 경제적 능력이 없으면 이러한 의료 시스템의 도움을 받는 것 자체가 불가능한 경우가 많다.

반면, 각 개인이 자연스러운 방식으로 자신의 건강을 지킬 수 있다면 개인도 사회도 변화와 충격에 더 큰 적응력과 회복력을 갖게 된다.

사회적인 총비용도 줄이면서 그 재원을 단기 처방이 아니라 의료 인프라와 의료 환경 개선 등 장기적으로 우리 삶을 더 안정적이고 지속 가능하게 만드는 데 사용할 수 있다.

의약품의 사용이 크게 늘어 그 자체가 중요한 환경오염 요인이 되고 있다. 폐기되는 의약품들, 특히 가정에서 일반 쓰레기로 배출하여 매립되거나 하수구에 버려지는 의약품들이 토질과 수질을 심각하게 오염시킨다고 한다. 자연 건강은 의약품 사용을 줄임으로써 폐기 의약품으로 발생하는 오염을 줄이는 데도 기여한다.

건강은 인위적으로 힘들게 노력해서 성취해야 하는 것이 아니다. 건강은 모든 생명이 자연으로부터 부여받은 당연한 권리이고, 생명의 가장 자연스러운 상태이다. 우리가 단순하고 자연스러운 방식으로 건강을 회복하고 유지하는 것은 건강 유지와 질병 치료를 위해서 사용하는 에너지와 자원의 절감에만 도움이 되는 것이 아니다. 개인 차원의 건강한 삶을 넘어 인간 생활 전반에도 변화를 가져올 수 있다. 결과적으로 지구 자체의 자연치유력을 높이는 데 기여하게 될 것이다.

자연 건강을 위해 누구나 할 수 있고, 누구에게나 도움이 되는 세 가지 실천 방법을 소개한다.

숨 잘 쉬기

우리는 늘 무의식적으로 호흡을 해서 너무 당연하게 여기지만 호흡은 자율신경의 균형을 회복하고 자연치유력이 제 기능을 발휘하도록 해주는 마스터키이다. 자율신경 중 교감신경을 활성화하여 스트레스 반응을 만들어내고, 부교감신경을 활성화하여 이완 반응을 유도한다.

위기 상황에서 싸우거나 도피하는 행동을 통해 위기에 대응하도록 도와주는 스트레스 반응은 원래 필요할 때만 활성화하게 되어 있다. 하지만 많은 현대인은 외적인 스트레스뿐만 아니라 부정적인 정보를 통해 스스로 만들어내는 내적 스트레스로 교감신경이 계속 활성화 상태에 놓여 있다. 이런 상태는 소화, 휴식, 회복의 기능을 담당하는 부교감신경을 억제하기 때문에 우리 몸의 자연치유력이 힘을 발휘할 수가 없다. 지속된 스트레스는 거의 모든 만성질환의 원인으로 알려져 있다. 원래 자연이 의도한 자율신경의 균형은 대부분의 시간에는 부교감신경이 우위이고, 꼭 필요할 때만 교감신경을 활성화하는 것이다. 그런데 많은 사람의 자율신경 균형이 거꾸로 되어 있다.

교감신경의 흥분 상태를 가라앉히고 부교감신경을 활성화하여 이완 상태를 회복하는 가장 간단하고 강력한 방법이 바로 호흡이다. 3~4회의 깊고 여유 있는 호흡만으로도 교감신경의 균형이 바로잡힌다. 호흡에 특별한 방법이 있는 것도, 정해진 시간대로 해야 하는 것도 아니다. 스트레스가 쌓일 때마다, 머리에 열이 차고 가슴이 답답할 때마다 하면 된다. 자연치유를 도와주는 강력한 시스템이 우리 안에 존재한다. 호흡으로 그 시스템이 힘을 발휘하도록 도와줄 수 있다.

좀 더 구체적으로, 숨을 세 번에 들이마시고 세 번에 내쉬어보자. 평소 우리는 폐의 용량을 충분히 활용하지 않고 호흡한다. 충분히 들이마셨다고 생각하지만, 더 들이마실 수 있고, 거기서 조금 더 들이마실 여유가 있다. 숨을 세 번에 들이마심으로써 폐의 용량을 최대한 사용하면 몸 전체를 빠르게 환기할 수 있고 뇌에도 많은 산소를 공급해서 머리를 맑게 할 수 있다. 내쉬는 것도 마찬가지이다. 평소 숨을 내쉬는 방식으로는 폐에서 공기 교환이 완전히 일어나지 않는다. 다 내쉬었다고 생각될 때 한 번 더 내쉬고, 다시 한번 더 내쉬어보자. 폐가 완전히 비워져 신선한 공기로 완전히 교체된다.

한 번, 두 번, 세 번에 걸쳐 폐에 공기를 가득 채운다는 느낌으로 들이마시고, 잠시 멈춰서 가슴이 확장되는 느낌에 집중해보자. 내쉴 때는 폐 안의 공기를 세 번에 나누어 완전히 내보낸다는 느낌으로 내쉰다. 들이마실 때는 뿌듯한 충만감을, 내쉴 때는 시원함을 느낀다. 5~10회만 반복해도 뇌파가 떨어지고 마음이 안정된다. 일상의 스트레스 상황에서 빠르게 마음을 안정시킬 수 있는 호흡법이다.

장 관리하기

장腸은 단순히 소화기관의 일부가 아니다. 장에는 약 3~5억 개의 신경세포를 갖춘 신경망이 있다. 우리 몸에서 뇌 다음으로 큰 신경망이다. 장을 제2의 뇌라고 부르는 이유이다.

주요 신경전달물질 중 세로토닌은 우리에게 쾌적함을, 도파민은 행복감을 느끼게 한다. 우리 몸에 있는 도파민의 50%, 세로토닌의 95%가 장에서 만들어진다. 달리 말하면 우리가 느끼는 쾌적한 기분과 행복감을 더 많이 좌우하는 것은 뇌가 아닌 장 컨디션이다.

우리 몸의 면역 체계 중 80%가 장에 있다. 장 속에 사는 미생물들이 그 역할을 담당한다. 장내 미생물의 수는 우리 몸의 모든 세포를 합친 것보다 10배 정도 많다. 이 작은 세입자들의 컨디션이 우리의 면역력을 좌우하고 뇌의 컨디션에도 영향을 미친다. 장내 미생물이 건강하게 제 역할을 하도록 도와주는 손쉬운 방법은 김치, 된장, 청국장 같은 발효 식품을 먹는 것이다.

이외에 장운동, 단전치기, 복부 마사지처럼 장을 직접적으로 자극하는 운동을 하는 것도 좋다. 이러한 운동은 자연치유력과 밀접한 관련이 있는 아랫배의 온도를 높이는 데 효과적이다. 그중 단전치기는 양 손바닥이나 가볍게 쥔 주먹으로 아랫배를 리듬감 있게 두드려주는 운동이다. 장운동은 아랫배를 최대한 몸 안쪽으로 당겼다가 놓는 동작을 반복하면 된다. 장운동의 경우, 처음에는 복근을 움직이는 게 익숙하지 않아 조금 힘이 들 수도 있다. 하지만 금방 익숙해지니 20~30회 정도로 시작해서 한 번에 100회 정도 할 수 있을 만큼 조금씩 늘려보자. 100회를 기본 단위로 할 수 있는 만큼 반복한다. 장운동, 단전치기, 복부 마사지 등을 함께 활용하면 장을 활성화하여 아랫배의 온도가 올라가면서 면역력도 좋아지고 스트레스에 저항력도 커진다.

소식하기

식생활을 개선하는 것은 자연 건강을 높이고 기후변화에 대응하는 아주 효과적인 방법이다. 열대 우림을 파괴하는 주요인이 소를 키우기 위한 목초지를 만들기 때문이라고 한다. 소들이 내뿜는 메탄가스가 이산화탄소와 더불어 기후변화를 일으키는 중요한 원인으로 꼽히고 있다. 따라서 우리는 식생활 개선을 통해 개개인의 건강뿐 아니라 지구 전체에 도움을 줄 수 있다.

모든 사람에게 다 맞는 식이요법은 없다. 체질이나 체형, 건강 상태에 따라 자신에게 맞는 음식을 찾아야 할 것이다. 하지만 개인에게 좋은 식사가 지구에도 좋은 건강한 식사를 위한 가이드라인은 있다. 고기, 특히 소고기와 같은 붉은색 육류 소비를 줄이고 섬유질을 많이 포함한 야채를 다양하게 더 많이 먹는 것이다. 본인이 사는 곳 가까이서 기른 유기농 채소라면 더 좋을 것이다. 채소는 우리 몸속 독소를 제거하고 혈당을 안정시켜 적정 체중을 만들어준다. 수송에 드는 에너지 소비를 줄일 수 있고, 삼림을 보존하고 토양과 물의 오염을 막는 데 도움이 된다. 개인의 식단 변화만으로도 지구에 엄청나게 큰 도움을 줄 수 있다.

또 하나 중요한 것은 적정량을 먹거나 소식하는 것이다. 현재 스트레스만큼이나 수많은 질병의 원인으로 지목하는 것이 비만이다. 특히 폭식과 과식의 일상화가 비만의 큰 원인으로 꼽힌다. 무엇을 먹는지도 중요하지만 문제는 양이다. 우리는 지나치게 많이 먹는다. 지극

공생의 기술

히 상식적인 이야기이지만 아무리 몸에 좋은 음식, 예를 들어 유기농 채소에 현미밥이라고 해도 과식하면 독이 된다.

과식을 예방하는 좋은 방법이 있다. 명상하듯 식사하는 것이다. 간단히 말하면 식사를 하면서 몸의 느낌에 집중하는 것이다. 씹을 때의 느낌, 혀끝에서 느껴지는 맛, 음식물이 식도를 통과해서 내려가는 느낌, 그때 몸의 반응 등을 모두 느끼면서 먹는 것이다. 이렇게 하면 먹는 느낌이 깊고 풍부해져서 단순히 혀끝에서 느끼는 즐거움보다 더 깊은 즐거움을 경험할 수 있다. 몸의 반응에 집중하면서 먹고, 충분하다는 느낌이 들면 거기서 멈춘다. 그 이상 먹는 것은 몸이 아니라 욕심과 습관이 먹는 것이다.

과식에 절대적인 수치 기준은 없다. 사람에 따라서도 다르고 같은 사람이라도 컨디션에 따라 다를 것이다. 가장 단순하고 자연스러운 기준을 정한다면, 지금 몸이 필요로 하는 그 이상을 먹는 것은 다 과식이다. 그래서 몸을 느끼고 몸의 신호에 귀를 기울이는 것이 중요하다. 그렇게 함으로써 우리는 몸이 원하는 방식으로 자연스럽게 식사를 조절할 수 있다.

먹는 것과 관련해 한 가지 더 이야기하고 싶은 것이 있다. 감사하고 행복한 마음으로 식사하는 것이다. 건강한 음식을 챙겨 먹는 노력이 부담되고 스트레스가 된다면, 차라리 그 노력을 하지 않은 것만 못하다. 음식의 종류와 질에 상관없이 어차피 먹을 음식이라면 거기에 마음의 독소를 더하지 말고 그 음식이 당신 앞에 오기까지 희생하고 기여한 모든 존재에 감사하며 기쁜 마음으로 먹자.

내가 소개한 자연 건강 실천 방법은 누구나 스스로 할 수 있는 것들이다. 전문가에게 배워야만 할 수 있는 것도 아니고, 의료 제도나 정책에 따라 바뀌는 것도 아니다. 내가 원하면 지금 당장이라도 실천할 수 있다.

이처럼 개인의 작은 실천은 과체중 같은 개인적인 문제 해결뿐만 아니라 평화롭고 지속 가능한 세계를 창조하는 아주 중요한 열쇠이다. 이러한 실천을 통해 우리의 일상적인 선택이 달라지고, 더 나아가 정치, 경제, 산업, 제도에도 변화를 가져올 수도 있다. 또한 자신 건강과 자연치유의 경험을 주변 사람들과 나누는 것은 이웃과 환경을 아우르는 공동체 전체가 건강해지는 데도 기여한다.

삶을 단순화하고 낭비 줄이기

우리는 집에 얼마나 많은 물건을 가지고 있을까? 그 많은 물건 중 실제로 사용하는 것은 얼마나 될까? 지난 한두 해 동안 손도 대지 않은 물건은 얼마나 될까? 그동안 한 번도 사용한 적이 없다면 앞으로도 사용할 가능성이 거의 없을 것이다. 사용하지 않고 방치한 물건은 당신이 내다 버리지 않았어도 이미 버려진 것이나 다름없다.

우리의 생활과 가장 밀접하게 관련된 낭비 품목은 의복과 식품이다. 생산된 의류 중 30%는 팔리지 않고 폐기된다고 한다. 이른바 명품 브랜드들은 상표 가치를 유지하기 위해 재고 의류를 싼 가격에 팔지 않고 태워서 폐기한다. 잘 팔리는 의류도 짧게 유행하고, 유행이 지나면 폐기된다. 의류는 재료의 특성상 재활용률이 매우 낮아서 이렇게 버려지는 의류의 85% 이상은 소각장이나 매립지로 간다. 유행의 속도가 빨라지고, 비주얼에 집중하는 소셜 미디어 활동의 증가로 옷을 사는 주기와 빈도가 빨라지면서 버려지는 의류도 점점 늘어나고 있다.

음식도 마찬가지이다. 미국의 경우 과일, 야채, 육류, 가공식품을 포함한 식료품과 식자재의 40%가 사용되지 않고 버려진다. 전 세계 통계자료를 봐도 33%로 여전히 매우 높다. 식품을 생산하는 데 들어간 막대한 양의 물과 전기, 노동, 정부 보조금도 함께 버려지고 있다. 이렇게 버려진 음식물이 매립지에서 분해되면 막대한 양의 메탄가스가 대기로 방출되고, 그 오염 물질이 토양과 식수원으로 들어간다. 소비자의 손에 들어갔다고 해서 모두 소비되는 것도 아니다. 전 세계적으로 버려지는 음식물 중 50~60%는 먹고 남은 음식물 쓰레기이다. 단순화해보면 우리는 전 세계 인구의 세 배 정도가 소비할 양을 생산해서 그중 3분의 1 이상은 소비하기 전에 버리고, 나머지 중에서도 반만 먹고 반은 버리는 셈이다.

이처럼 낭비적인 생산과 소비의 패턴은 의류와 식품에만 적용되는 것이 아니다. 휴대전화 같은 개인용 전자 제품에서 자동차와 주택에 이르기까지, 우리 생활의 모든 영역에서 나타나고 있다. 이러한 패턴은 단순한 낭비 차원에서 끝나지 않고, 지구를 병들게 하고 모든 생명을 병들게 한다. 매일 우리가 무심하게 버린 플라스틱 쓰레기가 땅에 묻히고, 바다로 흘러 들어간다. 지금 태평양 가운데에는 대한민국 면적의 열여섯 배나 되는 쓰레기 섬이 떠 있다. 그런 쓰레기에서 나오는 미세플라스틱은 바닷속 생태계를 돌고 돌아 결국 우리 몸으로 들어온다.

물건들은 모두 나름의 목적과 가치를 가지고 있다. 그 가치를 존중해주고 제대로 사용함으로써 물건들이 자기 가치를 실현할 수 있도록 도와주자. 당신이 그렇게 하고 있지 않다면 당신보다 그 물건을 잘

공생의 기술

사용할 수 있는 사람에게 보내자. 보통 물건을 버릴 때가 되어서야 재활용을 생각한다. 그 물건을 일반 쓰레기통에 넣을지 재활용 쓰레기통에 넣을지를 판단하면서. 우리는 다른 사람들과 그 물건을 나눔으로써 그보다 일찍, 그 물건이 여전히 가치 있게 쓰일 수 있을 때 재활용을 시작할 수 있다. 마음을 써서 물건을 사용하고, 사용하지 않는 물건은 나눔으로써 배려 없는 낭비적인 '소비'에서 사려 깊고 지속 가능한 '사용'으로 변화시킬 수 있다.

지속 가능성을 실현하기 위해 반드시 새로운 과학기술이나 시스템이 필요한 것이 아니다. 삶을 축소하고 현재 우리가 누리고 있는 삶의 편의를 포기해야 하는 것도 아니다. 낭비를 줄이는 것만으로도 삶의 질을 개선하고, 우리의 삶과 지구에 주는 스트레스를 줄일 수 있다. 삶을 단순화하고 불필요한 것들을 줄여나갈 때, 삶에 숨 쉴 공간이 생기고 새로운 창조를 위한 여유가 생긴다.

친절하기

언젠가 달라이 라마가 '래리 킹 라이브'라는 토크쇼에 초대받은 적이 있다. 그때 래리 킹이 "자비심이 무엇인가"라고 물었다. 불교의 핵심 사상이기에 많은 이들이 뭔가 거창하고 심오한 대답이 나올 것으로 기대했을 것이다. 하지만 그의 답은 의외로 매우 간단했다. 달라이 라마는 "친절한 거죠"라고 말했다. 참으로 기분이 좋아지는 단순 명쾌한 답이다. 공생을 실천하기 위해 필요한 것도 대단한 자기희생이나 헌신이 아니라 친절이다. 작은 친절로도 충분하다.

친절은 우리의 내면에 있는 공감 능력과 자비심이라는 본성에서 나오는 것이다. 그래서 친절하기가 불친절하기보다 훨씬 쉽다. 그런데도 세상은 당신에게 절대 친절하지 않다고 생각할 수 있다. 하지만 곰곰이 생각해보면 당신 앞에서 문이 쾅 닫히게 두지 않고 당신을 위해 문을 잡아준 사람이 더 많을 것이다. 이러니저러니 해도 세상에는 친절이 압도적으로 많다. 무신경에서 비롯된 불친절이 드물게 있고, 의도적인 악행은 그보다 훨씬 적다. 친절이 삶을 견딜 만하게 해주고, 그 힘으로 세상이 유지된다. 그렇다는 사실을 느끼지 못한다면 세상이 친절하지 않아서가 아니라 어쩌면 우리에게 감사함이 부족해서 일 것이다.

큰 노력을 들이지 않고도 우리는 자신과 다른 사람들, 주변의 동식물들, 심지어 자기가 사용하는 물건에조차 친절을 실천할 수 있다. 우리 주변의 크고 작은 물건이나 도구도 거칠게 취급하지 않고 주의해서 사용하고 아껴주면 오래 고장 없이 쓸 수 있다. 이것은 당신에게도 지구에도 도움이 된다. 큰 힘을 들이지 않고도 실천할 수 있는 크고 작은 친절이 우리 삶을 더 안전하고 지구를 지속 가능하게 만들어준다.

거대한 지구를 바꾼다는 것은 엄두조차 내지 못할 일이라고 생각할 수 있지만 이미 우리는 그렇게 하고 있다. 현재 지구 시스템에 가장 큰 영향을 미치는 것은 인간이다. 우리의 힘을 더 지혜롭게 사용함으로써 모두를 위한 지속 가능한 공생의 세계를 만들어갈 수 있다. 삶의 모든 영역과 관계에서 지구를 생각하고 공생을 선택하자. 지구와 인류의 미래에 책임감을 느끼고, 새로운 지속 가능한 지구를 위해 희망을 창조하는 사람들과 소통하고 연결하자. 자연스러운 방식으로 더 건강해지고, 일상에서 낭비를 줄여나가고, 친절해지자. 자신에게도, 주변 사람들에게도, 사물에도. 이런 작은 실천으로도 우리는 지구에 긍정적인 변화를 만들어갈 수 있다.

지구와 건강하게 공생하기 위해 실천하는 과정에서 우리의 관계망은 보다 확장되고, 삶은 여유로워지며, 시간과 에너지를 더 효율적으로 사용할 수 있다. 우리 삶과 우리가 속한 공동체를 더 건강하고 풍요롭게 만들 수 있다. 더 나아가서 지구와 지구에 살고 있는 모든 생명체로 이루어진 건강하고 조화롭고 지속 가능한 생명의 공동체, 공생의 가치가 실현된 세계를 만들 수 있다. 이러한 가능성이 우리에게 열려 있다. 우리에게는 그렇게 할 수 있는 능력이 있다.

힘껏 희망을 선택한다

이 책은 어떤 의미에서는 자기소개서이고, 활동 계획이고, 파트너와 동지들에게 보내는 초청장이다. 나는 이 책을 통해서 지구의 미래에 대해 어떤 희망과 두려움을 느끼고 있는지, 내가 꿈꾸는 지구와 인류의 미래는 어떤 모습인지, 지금까지 어떤 활동들을 해왔는지 공유했다. 나처럼 지구를 사랑하고 염려하는 마음으로 무엇이든 해보고자 하는 간절함을 가진 사람들과 연결하고 소통하고 함께 행동하기를 원하기 때문이다. 그 마음이 이 책의 시작이고, 끝이다.

　나는 40년 전 삶의 목적을 찾기 위한 수행 끝에 두 가지 지구의 모습을 보았다. 하나는 인간과 자연이 조화를 이루어 사는 아름답고 건강한 지구의 모습이었고, 다른 하나는 파괴되고 황폐해져 인간을 포함한 모든 생명이 고통스럽게 죽어가고 있는 지구의 모습이었다. 너무 상반된 모습이지만 그 두 가지는 마치 동전의 양면처럼 가까이 있었다. 그날 이후, 나는 내가 본 첫 번째 모습의 지구를 만드는 데 내 삶을 바치겠다는 뜻을 세웠고, 오직 그 한 가지 목표를 위해 살아왔다.

'오매불망寤寐不忘'이라는 말이 있다. 어떤 생각과 목표에 집중한 나머지 자나 깨나 그 생각뿐이라는 뜻이다. 누군가에게는 오매불망의 대상이 사랑하는 사람이나 자신이 정한 삶의 목표일 수도 있고, 자신이 헌신하는 종교적 신념일 수도 있다. 내게는 평화로운 인류와 건강한 지구, 공생하는 세상이다. 이 목표에 도움이 된다면 경험이 없어도, 남들이 실패를 우려하는 일이라도 망설임 없이 뛰어들어 새로운 길을 만들어왔다. 이 일이 성공할 것이냐, 실패할 것이냐를 묻지 않았다. 그저 지구와 인간이 건강하게 공생하는 데 필요한 일이냐, 아니냐를 물으며 일을 해왔다.

모든 것을 걸고 뛰어들었던 어떤 일이 더 큰 일을 위한 문을 열어주고, 더 많은 사람을 연결해주었다. 그러다 보니 국내에서 홍익 철학을 기반으로 단학을 보급하다가 활동 기반을 미국으로 옮겨 한국의 심신 수련법을 세계에 알리게 되었다. 뇌교육을 학문화하고 지구시민을 양성하기 위해 세운 글로벌사이버대학교가 세계적인 케이팝스타인 방탄소년단 멤버들의 모교가 되는 행운도 있었다. 미국 애리조나주 세도나 황무지에 세운 명상 센터는 매해 이곳을 찾는 수천 명의 사람들에게 영감을 주고 있다.

늘 건강한 인류와 지구를 염원하다 보니 어디서 누구를 만나고, 무엇을 보고 듣던 이 목표와 연결되어 새로운 일들이 만들어지곤 했다. 이러한 여정의 하나로 내가 최근에 집중하게 된 것이 약초이다. 자연

건강법의 하나로 오래전부터 약초에 관심을 두고 꾸준히 연구도 해
왔다. 그 가운데 최근에 특별한 관심을 두게 된 것이 있다.

*

팬데믹이 끝나갈 무렵, 내게는 지구시민운동의 고향과도 같은 미국
애리조나주 세도나로 다시 돌아왔다. 세도나에 오면 붉은 바위와 향
나무들 사이로 난 산책길을 걷는 것이 큰 즐거움이다. 어느 날 산책
중에 군락을 이룬 나무들 속에서 은회색으로 빛나는 나무 한 그루를
보았다. 그 빛이 너무 선명하고 강렬하여 한참을 지나쳐가다가 끌리
듯 다시 돌아와 그 나무 앞에 섰다. 잎사귀를 뜯어 모양새를 자세히
살피고 향을 맡아보았다. 그 잎을 쌀알 크기만큼 떼어 입에 넣고 씹어
보았다. 오만상이 찌푸려질 만큼 쓴맛이 났다. 그런데 싫지 않았다.
강렬하지만 오래 끌지 않아 뒷맛이 깔끔한 쓴맛이라고 할까?

　호흡을 고르며 가만히 느껴보니 쓴맛 뒤에 미세한 단맛이 느껴지
며 몸과 마음이 편안하게 안정되었다. 머리는 시원하고 아랫배는 따
뜻해지는 수승화강水昇火降 상태가 되었다. 모든 생명이 자신의 존재
가치를 실현하도록 배려하는 자연의 사랑과 축복이 느껴졌다. 영감
이라도 받은 듯 나는 이 나뭇잎이 사람들에게 큰 도움을 줄 수 있으
리라는 강한 느낌이 들었다. 그 자리에서 이 약초에 '공생초共生草'라
는 이름을 붙이고, 잎사귀를 몇 장 따서 집으로 돌아왔다. 그런데 내
뒤뜰에도 같은 나무가 자라고 있었다. 늘 그 자리에 있었을 텐데, 20

공생초

년 동안 살면서도 내가 보지 못했던 것이다. 공생초와의 만남은 이렇게 이루어졌다. 내가 공생초를 찾았다기보다는 공생초가 나에게 왔다는 것이 더 정확한 표현인 것 같다.

공생초가 가까이 있었지만 몰랐기 때문에 활용할 수 없었다. 특별하고 귀한 무언가가 바로 코앞에 있어도 그 존재를 모른다면 없는 것이나 마찬가지이다. 공생 감각 또한 다르지 않다. 공생 감각은 늘 우리 안에 있지만 우리가 중요하다고 생각하지 않고 가치를 부여하시 않으면, 생활 속에서 그 감각을 활용하지 않으면 없는 것이나 마찬가지이다.

나는 지금 이 약초의 매력에 흠뻑 빠져 있다. 공생초 잎을 끓여 차로도 마시고, 연고를 만들어 쓰고, 이런저런 레시피를 개발해서 음식에도 넣어 먹는다. 더 많은 이들이 쓴맛의 효과를 경험할 수 있도록 공생초에 단맛을 섞어 사탕을 만들기도 했다. 자연 건강을 위해 널리 활용할 수 있을 것 같아서 전문팀과 함께 본격적인 연구도 시작했다.

이상하게 들릴지 모르지만, 이 약초의 매력은 특유의 쓴맛에 있다. '좋은 약은 입에 쓰다'라는 속담처럼, 쓴맛으로 치자면 이 약초는 아마도 최고의 양약良藥이라고 할 수 있을 것이다. 그만큼 쓰다. 입에는 쓰지만, 몸에는 유익하다.

맛의 선호는 나이에 따라 변한다. 아기들은 쓴맛을 참지 못한다. 나이가 들면서 쓴맛을 알게 되고, 그 맛을 즐기게 된다. 우리가 씀바귀, 쑥, 상추, 치커리, 커피, 차 등에 끌리는 가장 큰 이유는 특유의 쓴맛 때문이다.

현재 인류의 문화는 오감五感을 중요시한다. 그중에서도 특히 보기 좋은 것, 맛있는 것을 추구한다. 우리가 집착하고 중독적으로 사용하는 것들 중에서도 유행하는 옷이나 장신구, 자동차, 소셜 미디어, 무절제하게 탐닉하는 음식과 음료들, 이를 부추기는 먹방 등이 모두 그러하다. 그 가운데서도 단맛은 인류가 가장 선호해온 맛이다. 반대로 쓴맛은 보편적으로 싫어하고 회피해온 맛이다. 입맛을 기준으로 보자면 현재 인류의 문화는 단맛과 오감을 즐겁게 하는 감각적 자극을 선호하는 어린이 단계인 듯하다.

쓴맛은 단지 쓰기만 한 것이 아니다. 쓴맛을 오래 머금고 있으면 입안에 단침이 고인다. 뇌가 몸을 통해 만들어내는 반응이다. 마치 매운맛이 혀의 통점을 자극하면 뇌가 엔도르핀을 분비해서 쾌감을 느끼게 하는 것처럼. 단맛에는 뇌가 수동적으로 반응하지만, 쓴맛에는 스스로 변화를 만들어내며 적극적으로 반응한다. 쓴맛은 뇌를 깨우고 창조적으로 움직이게 한다.

단맛은 입에서는 좋을지 몰라도 많은 건강 문제를 일으킨다. 특히 피를 탁하게 만들어 비만, 당뇨, 고혈압, 온갖 염증을 일으킨다. 쓴맛은 반대의 효과를 내서 비만, 당뇨, 고혈압, 염증을 억제하고 완화하는 데 도움을 준다. 한의학에서는 쓴맛이 머리를 맑게 하고, 소화를 도와주며, 심장의 열을 낮춰 안정을 찾게 하고, 몸의 면역 반응을 촉진한다고 한다.

우리 몸에서 조화와 균형을 담당하는 것이 자율신경이다. 그런데 교감신경과 부교감신경의 균형이 깨져 있는 사람이 너무 많다. 무

공생의 기술

한경쟁 속에서 긴장과 불안, 흥분이 계속되어 교감신경이 지나치게 활성화해 있다. 반대로 이완과 마음의 안정을 가져다주는 부교감신경의 기능이 억제되어 있다. 억눌린 부교감신경을 다시 살려내야 한다.

지금까지 나는 명상과 호흡을 통해서 부교감신경을 살리고 조화와 균형을 찾는 법을 개발하고 알려왔다. 더욱 많은 사람이 더 쉽게 균형과 조화를 찾을 수 있도록 돕기 위해 요즘 '맛'과 '향기'를 활용하는 방법을 탐색하고 있다. 명상을 안 하는 사람도 맛은 느낄 수 있고, 향기는 맡을 수 있기 때문이다. 공생초가 바로 그러한 시도의 시작이다.

점진적인 변화로는 중독된 습관을 바꾸기가 어렵다. 담배도 하루한 개비씩 줄여서 끊기는 어렵다. 금연을 하려면 담배 피우는 것을 한 번에 멈춰야 한다. 단맛에 길든 입맛과 식습관을 바꾸는 효과적인 방법 하나는 단맛을 서서히 줄이는 것이 아니라, 쓴맛으로 뇌에 자극을 주고 쓴 것에 입맛을 들이는 것이다. 입맛도 바로잡고 체중도 조절하고 건강도 개선할 수 있다. 쓴맛은 뇌의 균형을 잡아주고 우리 몸의 생리적 균형을 되찾아주는 공생의 맛이다. 나는 공생초가 심신의 조화와 균형을 찾는 데 많은 도움을 줄 수 있을 것이라 기대하고 있다.

공생초와 쓴맛에 관한 연구는 이제 시작이다. 아마도 좀 더 시간이 지나면 나눌 수 있는 이야깃거리가 많아질 것이다. 한 가지 분명한 것은 공생초를 통해 얻게 될 경험과 배움과 통찰들도 다른 경험과 마찬가지로 내가 오매불망 집중하고 있는 평화로운 인류와 건강한 지구를 실현하는 비전에 쓰일 거라는 사실이다.

우리가 정말로 원하는 목표가 있고, 늘 그 목표에 집중하고 마음이 열려 있으면 주위에서 새로운 기회를 많이 발견할 수 있다. 어떤 의미에서는 모든 만남이 기회이고 모든 사람이 후원자이다. 그런 기회와 만남 가운데서 목표를 이룰 방법을 찾을 수 있다. 공생초 이야기가 당신에게 그러한 영감을 주기를 기대한다. 그리고 당신의 경험과 스토리, 통찰이 우리가 모두 함께 공유한 '지구'라는 중심 가치를 살리는 데 기여할 수 있기를 희망한다.

*

요즘 들어서 내가 40년 전에 본 두 개의 지구, 그 비전의 의미를 더 절실하고 분명하게 느끼고 있다. 그 두 개의 상반된 가능성은 지금 우리에게 마치 두 개의 멀티버스처럼 공존하고 있다. 크든 작든 하나의 생각, 하나의 선택, 하나의 행동을 할 때마다 우리가 살고 있는 세계가 이쪽 혹은 다른 쪽의 가능성으로 계속 방향을 바꾸면서 앞으로 나아간다. 그것을 보는 내 마음도 우려와 희망을 왔다 갔다 하며 요동친다. 이 시대를 사는 많은 사람의 마음도 이와 비슷할 것이다.

우려와 희망의 요동 속에서 나는 힘껏 희망을 선택한다. 내가 희망을 품는 대상, 나에게 희망을 품게 하는 힘은 어떤 예언도, 신도 아니다. 40년 전 내가 본 아름다운 지구의 모습도 아니다. 내가 희망을 품는 것은 지구와 인류의 미래를 걱정하고 모두가 잘 되기를 간절히 바라는 내 안에 있는 아름답고 선한 마음이다. 걱정도 희망도 사실은 같은 마음에서 나온 것이다. 바로 그러한 마음이 내 안에 있고, 모든 사람의 가슴 속에 있다는 것을 알기에 희망을 품는 것이다. 우리는 결코 작은 존재가 아니다. 뇌 안에 무한한 잠재력과 창조력과 홍익의 본성을 가진 마음이 빛나고 있다. 그 마음을 찾아 씀으로써 삶을 바꾸고 자신과 지구를 살릴 수 있다.

이 책을 빌어 그동안 지구시민운동을 함께해온 수많은 이들에게 감사를 전한다. 그들은 내가 인간과 세상에 대한 믿음과 희망과 꿈을 끝까지 놓지 않도록 해준 내 인생 최고의 축복이다. 이 책을 끝까지 읽어준 당신에게도 깊은 감사를 전한다. 당신의 마음에서 일어나는 진실한 목소리와 느낌에 따라 공생을 위해 당신이 할 수 있는 일을 해나가길 바란다. 공생을 실천하는 삶의 길에서 언젠가 우리가 만날 수 있기를 희망한다. 나보다 더 지혜롭고 더 많은 열정을 가진 당신을 만나 지구시민운동을 함께 하고 싶다.

공생의 기술

초판 1쇄 발행 2023년(단기 4356년) 2월 23일
2판 1쇄 발행 2023년(단기 4356년) 5월 18일

지은이 · 이승헌, 스티브 김
펴낸이 · 심남숙
펴낸곳 · (주)한문화멀티미디어
등록 · 1990. 11. 28. 제 21-209호
주소 · 서울시 광진구 능동로 43길 3-5 동인빌딩 3층 (04915)
전화 · 영업부 2016-3500 편집부 2016-3532
http://www.hanmunhwa.com

운영이사 · 이미향 | 편집 · 강정화 최연실 | 기획 홍보 · 진정근
디자인 제작 · 이정희 | 경영 · 강윤정 조동희 | 회계 · 김옥희 | 영업 · 이광우